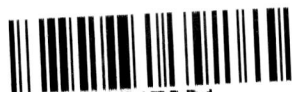

# 呂思勉手稿珍本叢刊

## 中國古代史札録

4

職官一

呂思勉 著

# 第四册目録

# 職官一

# 職官提要

「職官」一類的札録，原有「職官」「職官（上）」「職官（中）」和「職官（下）」四包。其中「職官（上）」分四札（第一札内又有兩小札），「職官（中）」分兩札（第一札内分兩小札），「職官（下）」也分兩札。這四包札録，部分是吕先生從《左傳》《國策》《史記》《漢書》《隋書》《舊唐書》《新唐書》及《資治通鑑》等史籍中摘出的資料，部分是讀《春在堂隨筆》《日知録》《廿二史札記》等書籍及報刊雜誌所做的筆記。

吕先生的札録，天頭或紙角上常會標出分類名稱，如「區畫」「官制」「考課」等，有些也寫有題頭，如第四册第四、五頁「官之别稱」「周以士爲爵」等。抄録的資料，詳略各有不同，有些是節録或剪貼史籍原文，有些只在題頭下注明材料出處，如第四册第四五頁「常參官、供奉官，舊四三2下」（即《舊唐書》卷四三第二頁反面），第四册第二七頁「唐末謂兩樞密兩中尉爲四貴」注見《資治通鑑》「二百四三10下」（即《通鑑》卷二四三第十頁反面）。有些札録先生還加有按語，如第四册第九四頁録《禮記・玉藻》資料，「勉案：此恐不過畿内諸侯」。第五册第二九頁「三歲不上計」條，先生按「可見上計爲列國時事」。

「職官」各包，也有較多剪報資料，此次整理只收録了一小部分；札録中的手稿部分，均按原樣影印刊出。

九錫

見漢書武紀元朔元年注引應劭　集說本

錄請示侍令文嘉

# 役

官之別稱

廉訪使 按察　司馬　分府　二府 同知　別駕　三府 通判

州司馬 州同　貳尹　右堂 縣丞　分司　巡政 巡檢　右堂

少尉　少尹　少府　廉捕 典史　參軍　經廳

俘

周以士為爵

檀弓士之有誄自此始也　注周雖以士為爵猶無謚也　疏大夫以上為爵　正義知周以士為爵者案掌客云凡介行人宰史皆有飧饔餼以其爵等為之牢禮之數。陳凡介行人皆為士而云爵等是士有爵也

喪服　傳曰杖者何爵也　注爵謂天子諸侯卿大夫士也無爵謂庶人也

藩鎮幕僚

馮道事另記為相　桑維翰事另記為樞密使

# 職官

塗歸○通鑑唐德宗貞元十八年注「書還詔書不肯書讀所謂批敕也亦謂之塗歸唐人語也」（錄述）又宣宗大中九年注「唐制凡詔敕有不便者給事中塗竄而奏還謂之塗歸」（錄述）憲宗紀「元和四年給事中李藩在門下制敕有不可者即於黃紙後批之吏請更連素紙藩曰如此乃狀也何名批敕」（錄述）舊李藩傳云「以筆塗詔乃妥」語見元和五年考異（錄亦）

告身○通鑑永徽六年注「唐制凡受官者皆給以符謂之告身」也又隋恭帝義寧元年注「唐志補官皆給以符謂之告身猶今言付身也」（錄亦）

禁錮集○通鑑顯慶二年韓瑗惟貶振州刺史來濟貶台州刺史終身不聽朝覲注謂州刺史有朝集故禁絕二人不得到京師也（二〇〇下）

泛階○通鑑唐高宗乾封元年封泰山文武官三品已上賜爵一等四品已下加一階先是階無泛加皆以勞考敘進至五品三品仍奏取進止至是始有泛階比及末年服緋者滿於朝矣（二〇一上）

裏行○通鑑唐高宗永淳元年注裏行者資序未至未以除監察御史令於監察御史裏行也（二〇三下）

職官○通鑑則天順聖皇后垂拱二年太后命鑄銅爲匭……命

正諫注即諫議大夫也補闕拾遺二人掌之先責職官乃聽投表疏注

職官猶今之保識(石7三1上)

唐人呼縣令為明府通鑑則天順聖皇后永昌元年注(石10の9上)

判司　通鑑則天天授元年恒州刺史裴貞杖一判司判司使思止侯思止告貞與舒王元名謀反注唐諸州曹諸司參軍為判司韓愈詩所謂判司卑官不可說未免箠楚塵埃旨是也(石10の8上)又元和三年注「凡州府諸曹參軍呼謂之判司」(石11上之)

給使　通鑑則天天冊萬歲元年注唐六典少府內職有藏給使五十人唐因之置內給使無常員屬官闈局凡宦人無官品者稱內給使又有小給使學生五十人(石10五15上)(梁均王龍德二年注唐制有錄事士司戶司功等諸曹判謂判司也(石11の10下)

南省南臺。通鑑隋高祖仁壽二年注：立國兩都，以帝宮省謂在南，故為南省，曰南省，御史臺曰南臺。（一七九，9下）

衙正衙。通鑑武德元年胡注言：……軍中……置牙門……立於官府，早晚軍吏兩謁，正名為衙，呼謂既熟，遂離天子正殿受轉，稱正衙。（一八五，9上）

檢校官。通鑑注（開皇十三）：隋制，未除授正官而領其務者為檢校官。（一七八）

以守試領視。高一品已上為行，下一品為守，下二品以為為試，官高職卑為領，官卑職高為視。

墨敕出於禁中，不由中書門下。通鑑唐中宗神龍元年注。（二〇七，2上）

五府○通鑑唐中宗神龍二年加周仁軌鎮國大將軍五府大使注五府廣桂邕容瓊五都督府也(卷二〇八)

齋娘○通鑑唐中宗景龍三年南郊以皇后為亞獻仍以宰相女為齋娘助執豆籩……齋娘有婿者皆改官(卷二〇九)

入閤供奉○通鑑唐憲宗元和五年注入閤供奉者應內殿朝參立於供奉班中(卷二三八)

四府○通鑑唐開元六年敕京官五品以上外官刺史四府上佐各舉縣令一人注四府謂京兆府河南府河中府太原府也(卷二一二)

直省○通鑑唐開元十三年上遣中書直省袁振攝鴻臚卿諭旨於突厥注以他官直中書省謂之直省今之直省者吏職也(卷二一二)

傔人別奏。通鑑開元二十五年注：唐制凡諸軍鎮大使副使以下皆有傔人別奏以爲之使，大使傔二十五人別奏十人，副使傔二十人別奏八人。止（鈔四，8下）又見后

幕府。通鑑天寶四載注：唐采訪節度等使幕府有判官有支使有掌書記推官巡官衙推等。宋白曰舊制書記支使不得並置，有出身者爲書記，無出身者爲支使。止（鈔五，8下）

供奉官。通鑑天寶四載注：唐制中書門下皆有供奉官，此外官得隨朝出入見者謂之仗內供奉，隨翰林院官班者謂之翰林供奉，宦官謂之內供奉，又有雜技供奉禁中者。止（鈔十五，8上）

押牙行官。通鑑天寶六載注：押牙者盡管節度使牙內之事，行

官主將命往來京師及鄰道及巡內郡縣（計六止）
判官掌佐承宣使○通鑑天寶六載注唐諸使之屬判官位次副
使盡總府事又節度使或出征或入朝或死而未有代皆有知
留後事其後遂以節度留後為儲帥繼遂以留後為承宣使
資序未應建節者為之（計六止）
常稱○通鑑天寶十載注〻〻是節鎮有常六曹為尚書常三
省左右有常三公三師共為之華常六品以下職謂之常職
貴稱曰外官常職有憲銜有檢校憲銜自監察御史至御史大
夫檢校自國子祭酒至三公唐及五代之制也（計六止）
孔目官○通鑑天寶十載注孔目官衙前吏職也唐世始有此名

言凡使司之軍一孔一目皆須經由其手也（卄七上）十三（鑑1上）大史大麻 貞元二 注言六 證之 起史 （禮二6上）

十將○通鑑天寶十三載注十將亦唐中世以來軍中將領之職名（卄九上）

信牒○通鑑唐肅宗至德二載注信牒者未有告身先給牒以為信也（卄九9上）

常參官○凡參六參朔望○通鑑唐代宗大曆元年注常參官常朝日常赴朝參者也唐制文官五品以上及兩省供奉官監察御史員外郎太常博士日參號常參官武官三品以上三日一朝號九參官五品以上及（大作衝）折衝當番者五日一朝號六參官弘文崇文館國子監學生四時參凡諸王入朝及以恩追至者日

余其文武官職事九品以上及二王後則引朝並承已（新四八之上）

閤門　新唐書志　御史臺（四八の）

仗家引奏。通鑑唐代宗大曆元年顏真卿上疏大宗著門司式

云其無門籍人有急奏者皆令門司與仗家引奏法唐制門籍

流內記官爵姓名流外記年齒狀貌月一易其籍非遷解不除

無門籍者有急奏則令門司與仗家引奏仗家宿衛五仗之執

事者（通二二四の二十）

要籍官。唐時節度使衙前之職中宗景雲二年解琬為朔方大

總管分遣隨軍要籍官……檢料三城兵募則唐邊鎮有要籍

官尚矣又據稱為幽薊時朱泚統幽州行營為涇原鳳翔節度

使辟蔡廷玉以大理少卿為司馬朱體微為要籍則要籍乃節

度使之腹心也朱滔王武俊之相王既要籍官曰承令 通鑑唐德宗建中三年注（卅六） 四年王武俊……遣承令官鄭和……見朱滔注时

[redacted]

武俊等改要籍官爲承令官（卅八下） 要籍義見宋與之宋注

參謀 通鑑唐德宗建中四年李抱真使參謀賈林詣武俊壁詐降 注節度參謀贊預軍中機密（卅七下）

糧料使 通鑑唐德宗建中四年以淮西軍使崔從兼魏州四節度都糧料使 注宋白曰建中用兵諸道以營出境者皆仰給度支謂之食出界糧又於諸軍各以臺省官一人司其供億謂之糧料使令按代宗廣德初郭子儀自商州進收京師請第五琦爲糧料使（卅八下）

「要籍」二字之新□。通鑑唐德宗興元元年「陸贄……上言……懷光乃云李晟欲別行，某亦都不要籍」注：「要，切須其用；籍，切借其力。」當時諸鎮有要籍官，所以名官之意亦如此（詳下）。

「唐門下省謂之東省，中書省謂之西省」（通鑑唐德宗興元元年注，詳後）。

「進止」。通鑑貞元元年注：「自唐以來率以奉聖旨爲稟進止。蓋言聖旨使之進則進，使之止則止也。」程大昌曰：「今奏劄言取進止，猶言此劄之或留或卻，合稟承可否也。唐中葉遂以處分爲進止，而不曉文義者，習而不察，概謂旨爲進止，如至管官底所載，凡宣旨皆云有進止者，相承之誤也。」（詳上11P）

「節度巡官在判官、推官之下，衙推之上」（通鑑唐德宗貞元九年注，詳上）

唐時稱中使為敕使，亦稱之制使。《通鑑·唐德宗貞元十二年》注（入録五征）

堂老，閣老，院長，端公。《通鑑》貞元十二年注：唐人呼侍御為端公。

李肇《國史補》曰：宰相、呼曰堂老，兩省曰閣老，尚書曰院長，御

史曰端公（同録五征）

衙。《通鑑·唐德宗貞元十八年》注：唐東內以含元殿為正牙，西內

以太極殿為正牙。唐制，天子居曰衙，行曰駕，牙與衙同（入録衍征）

衙閤。《通鑑·唐憲宗元和十五年》注：歐陽脩曰：唐故事，天子日御

殿見群臣曰常參，朔望薦食諸陵寢，有思慕之心，不能臨前殿，

則御便殿見群臣，曰入閤。宣政，前殿也，謂之衙，衙有仗；紫宸，便殿

也，謂之閤，其不御前殿而御紫宸也，乃自正衙喚仗，由閤門而

入百官僕朝於衙者因隨而入見故謂之入閤程大昌曰宣政之左有東上閤宣政之右有西上閤二閤在殿左右而入閤者由之而入也西内大極宫兩儀殿左右有東西閤門兩廊下有日華月華門眞日閤者即内殿也非眞有閤也又曰西内大極殿北有兩儀殿即常日視朝之所大極殿兩廡有東西二上閤則是兩閤皆有門可入已又可轉北而入兩儀按程大昌言兩内二閤門俱說最爲明白而宣政殿入閤則東閤也（以上初十一日）

又讀漢紀高祖天福十二年注歐陽脩曰略故謂之入閤也前同下云然衙朝也其禮尊閤宴見也其事殺自乾符以後因亂禮闕天子不能日見羣臣而見朔望故正衙常日廢仗而朔

唐入閤有仗衛習見，蓋以入閤爲常，故出御前殿稱之入閤。五代之時，尋以五日一入見中興殿，便殿也，此入閤之遺制，而謂之起居。朔望一出御文明殿，前殿也，反謂之入閤。——……錄

述

巡官。《通鑑》唐順宗永貞元年注：唐制，節度觀察等使皆有巡官。

（通鑑注）

支度使。《通鑑》《唐六典》：凡天下邊軍皆有支度使，以計軍資糧仗之用。（通鑑注）

延英。《通鑑》唐憲宗元和元年注：延英議令户部對，貞元十七年，令常參官每日引見二人，訪以政事，謂之巡對……德宗自設

則侍於二十一年（補七上）　六部次第見此

堂後官者○通鑑唐憲宗元和元年堂後主書滑渙注堂後主書

即今之堂後官也（補七上）

都統○通鑑元和二年注新志曰大曆末嘗天下兵馬元帥都統

朔方河東河北平盧節度使都統之名始於此（補七上）

東臺○通鑑元和五年注唐制御史分司東都謂之東臺（補七上）

軍器使○通鑑元和五年注唐中世以後置內諸司使以宦官為之

之軍器庫使其一也宋白曰軍器庫原舊為監中世置軍器使

貞元四年改為庫其器械隸於軍器使（補七上）

判本司○通鑑憲宗元和六年○宰相李絳在翰林以為戶部

侍郎判本司，佳判本司，其判戶部，號[illegible]。蓋唐自中世以後，戶部侍
郎或判度支，以判戶部為判本司，此二十四司之遺法也。（胡注 87下）
知匭及諸色順門進狀。通鑑元和六年，注書右丞兼掛四年置知匭，
西按共為一室，列於朝堂……以諫議補拾遺充使，於朝堂知匭，
東面日所有投書，即奏入，先請光順門進狀，於閣門使
收而進之。宋敏求曰：知匭使為理檢使。（胡注 10上）
權參軍。通鑑元和十一年三月庚午，太后崩，年未赦，以國家討
司戶參軍權知中書門下敕，不置權參軍。唐中世以來天子
兼置權參軍……（胡注 10下）
行縣。通鑑元和十二年二月，淮西諸兵較多據倉庫，以東納士

民多無良業變為盜賊公私之患盡在此時州府長吏城寄頒五
千餘戶賊之所至其耗糧食不可勝紀康申敕置門以審之謂擇
於今使之撫者許置兵以衛之法素祇以共於權置門以
安集河之民（詳注上）
傔別奏○通鑑唐憲宗元和十四年李師道……署侯握判子後謀
門下別奏注門下別奏節使便宜多奉門下係別奏補官也下列
唐六典注軍鎮大使副使總管子總管討擊防禦巡使副使諸
有傔別奏所補傔奏皆令自召以充（詳下）
侍書學士○通鑑唐憲宗元和十五年上見夏州觀察判官柳公
權書跡愛之……以公權為右拾遺翰林侍書學士注侍書侍

者而已不使任代言之（通鑑注）

都頭。通鑑唐憲宗元和十四年注：軍中謂都將爲都頭（同上）

正郎散郎。通鑑唐憲宗元和十五年注：郎中謂之正郎，員外郎謂之散郎（同上）

由歷。通鑑穆宗長慶二年注：由其所有之由歷者，所歷職任（通鑑注）

所由。通鑑唐穆宗長慶二年……倖平叛……請令所由收鹽

社村雜役注：所由，綰掌官物之吏也，事必經由其手，故謂之所由（同上）　又敬宗寶曆二年[redacted]裴度留客飲，京兆尹劉栖楚附度耳語，侍御史崔咸舉觴罰度曰：丞相不應許所由官呫囁

耳語」注，京尹任煩劇，故唐人謂府縣官為所由官」項安世[redacted]家說
日今坊市出入謂之所由」（通三吐）　僖宗乾符元年注，所由謂
催督租稅之吏卒」（通三紀6）

次對官○通鑑唐穆宗長慶三年注程大昌曰德宗貞元七年詔每御延英令諸司長官二人奏本司事德宗又令常參官每日引見二人訪以政事謂之巡對則是待制之外又別有巡對也蓋正謂待制者諸司長官也名爲巡對者本司未爲長官而在常參之數亦得更迭引對者也其日次對官者即巡對官許與次待制而係對者也則次對不得正爲待制矣今人作文凡言待制皆以次對名之則恐未當也然據程說觀種平唐人亦自不能辨……蓋當唐中世以後宰相對延英既退則待制官巡對官皆得引對猶前語之次對官時語次對官者謂次宰相之後而得對也

非以待制首而入第也。唐人本不誤，權森之自誤耳……（同書卷三下）

唐末稱兩樞密兩中尉為四貴（通鑑唐懿宗咸通二年注，同書卷三上）

南北司。通鑑唐文宗大和元年注：百官趨南牙朝會者，謂之外朝，亦謂之南司；宦官列局於玄武門內，兩軍中尉護營於苑中，謂之中朝，亦謂之北司（同書卷三上）

遼畧

聲與所封之官名

（共平七六紙）

八〇〇〇

奏事官○方鎮遣牙職入奏事，因謂之奏事官（通鑑唐武宗會昌四年注）（補注）

進奏官○通鑑唐文宗太和七年注：宋白曰：大曆十二年五月敕諸道先置上都留後使，宜並改爲諸道上都知進奏官（同前注）

官告使○通鑑唐文宗太和七年注：唐中世已後，凡藩鎮加官，率遣中使賫告命（言賫官告及告身）謂之官告使（同前注）

堂帖○通鑑唐文宗太和八年注：帖由政事堂出，故謂之堂帖（同前注）

又：後唐明宗長興元年注：樞密院用宣，三省用堂帖，今堂帖謂之省劄，宣謂之密劄（同前注）

又：後漢隱帝乾祐二年注：沈括曰：後唐莊宗復樞密使，郭崇韜、安重誨相繼爲之，始分領政事，不關由中書，直行下者謂之宣，如中書之敕。小事則發頭子擬堂帖也（《通鑑》卷二八一）。○晉高祖天福六年，和凝請留空名宣敕十數通付留守鄭王重貴，以防安從進叛，則書將名遣擊之也。注：宣出於樞密院，教出於中書門下，時并樞密院於中書（《通鑑》卷二八二）。

知雜。○《通鑑》唐文宗太和九年注：唐制，侍御史六人，以久次者一人知雜事，謂之知雜（《通鑑》卷二四五）。會昌四年注云：謂之雜端（《通鑑》卷二四八）。

知京使。○《通鑑》唐文宗開成三年注：唐置知京使，以武臣為之，內職也。未知所職何事（《通鑑》卷二四六）。

使相。○《通鑑》唐武宗會昌三年注：唐中葉以後，節度使同平章事者，則謂之使相（《通鑑》卷二四七）。中和三年注：凡使帶平章事及檢校三省長及三公、三師者，皆謂之使相（《通鑑》卷二五五）。

中謝。○《通鑑》唐武宗會昌三年注：既受命入謝，謂之中謝（《通鑑》卷二四七）。

程糧錢。通鑑武宗會昌五年注，新書百官志主客郎中主蕃客東南蕃使還者給入海程糧，西北蕃使還者給度磧程糧。至於官吏以公事有遠行，則預計程以給糧，亦糧重不可遠致，則以錢準估，故有程糧錢（詞卯八止）

使家州家縣家軍家。通鑑宣宗大中八年注，軍家語北司謂軍也。唐人語謂節度及觀察為使家，謂州為州家，謂縣為縣家（詞卯九止）

內園使。通鑑宣宗大中十年注，內園使亦內諸司之一，五代時有內園栽接使（詞卯九止）

閤門使。通鑑懿宗咸通四年注，唐中世置閤門使，以宦者為

之宰供[redacted]唐頗引執王宰相百官著宗能見稱唐初中方通
事舍人之職也（六辨正）
私白。通鑑唐懿宗咸通六年注，謂達私白者，閹中為多，故宦官
多閹人。注：唐時諸道歲貢閹兒，號曰私白（辨證）
糧料判官。通鑑唐懿宗咸通九年注：唐制凡行軍置隨軍糧料
使，兵少止置糧料判官（辨正）
の方館。通鑑唐懿宗咸通十一年朝廷命知四方館事大僕卿
支詳為宣諭通和使。注：晏公類要曰：舊儀於通事舍人中
以宿長一人判知館事，謂之館主，凡四方貢納及章表皆受而
進之。唐自中世以後，以他官判四方館事（辨正）

戶部判度支鹽鐵為三司。通鑑唐僖宗乾符元年盧攜上言關東
災……光蠲免餘稅實無可徵而州縣以有上供及三司錢督促
甚急。注：戶部判度支鹽鐵為三司。（鑑二五二）
小馬坊使。內諸司使之一。通鑑唐僖宗乾符二年注。（鑑二五二）
錄詔。通鑑唐僖宗乾符二年注：錄詔白，今謂之錄白。是也。（鑑二五二）
此上

名銜。通鑑唐僖宗廣明元年黄巢下令百官詣趙璋第投名銜者復其官。注：名銜，題官位姓名也。（二五四卅上）

縣佐。通鑑唐僖宗中和元年固始縣佐王潮。注：世率以縣丞為縣佐。唐制，諸縣丞、簿、尉之下有司功佐、司倉佐、司户佐、司兵佐、司法佐、司士佐，皆縣佐也。勘按九國志王潮少為縣佐史，或者傳寫逸史字歟。（二五四卅上）

牌印。通鑑唐僖宗中和四年注：古者授官錫印綬，常佩之於身，去官則解印綬去。唐始置職印，任其職者傳而用之。其印藏之，以匣當官者置之卧内，別為一牌，使吏掌之，以謹出入。印出

而牌入，牌出則印入，故謂之牌印(錄六2上)

將帥遙領州鎮○通鑑唐僖宗光啟二年，蜀王建帥部兵戍三泉……以遙領壁州刺史，將帥遙領州鎮自此始(錄六8上)

客將○唐昭宗大順二年注：客將主導客儀，贊賓客，兼省鈴下威儀之職(錄六10上)　又見下客將二

大府會府○通鑑唐昭宗景福元年注：大府謂州以節度使府為大府，亦謂之會府(錄九50上)

掌書記○通鑑唐昭宗乾寧二年注：景福元年以軍府掌書記每之以從，諸節鎮皆置之，掌朝覲聘問慰薦祭祀祈祝之文與號令升絀之事(錄六7上)

宦

使劄〇通鑑唐昭宗天復二年「宣用以使劄宦嘉府」注：「使劄，節度
府所行文引，謂事目。宦今北人以文書移上曰宦。」（錄三上）

御食使〇通鑑唐昭宗天復三年注：「御食使掌御膳。」（唐宋所置
內諸司使之一也。）（錄三下）

朱書御札〇通鑑唐昭宗天復二年「李茂貞……自上遷岐，崔胤
令帥百官赴行在，凡四降詔，三賜朱書御札。」注：「唐史載莊宗朝
段徊奏曰：唐咸通時，以國用不足，天子將求經濟之要，則
內出朱書御札以訪宰臣。」（錄三下）

名號節度使〇通鑑唐昭宗天復三年「以……朱友寧領寧遠節
度使。」注：「寧遠軍，容州，時為龐巨昭所據，五季以來有名號節度

使以類受之也（新四九上）　五代及十國皆有之，見於乾化三年（通268）

客將二。○通鑑唐昭宗天復三年注：今藩府皆有客將，主賓

導賓客，蓋古之舍人、中涓，漢之鈴下威儀之職。唐末藩鎮置客

將，往往材將至大官，位望不輕（通鑑264）　一見於龍紀

支計官。○通鑑唐昭宗天復三年注：支計官蓋唐世節度支度判

官之流。唐末藩鎮各有其名稱耳（通鑑264）

都管使。○通鑑唐昭宗天祐元年注：蓋置宮中，以大將彥建

勳爲都管使，注：都管使之官始於此（通鑑265）

醫官使。○通鑑唐昭宗天祐元年注：唐末置醫官使，以主醫者（通鑑

265）

令者○通鑑唐昭宗天祐元年注：詔條下令於境內謂之令者，以異於天子所下制詔敕之名也（錢注）

不考名官之義○通鑑梁太祖開平四年御史司憲崔沂注：唐高宗以御史大夫為大司憲，蓋以御史執法之官，故名之。梁置御史司憲，既曰御史，復曰司憲，蓋不考名官之義也（錢竹汀）

爲殿前天策上將○通鑑梁太祖開平四年楚王殷求爲天策上將，詔加天策上將軍，殷始開天策府（錢注）　梁均王乾化四年蜀主命太子判六軍，開崇勳府，置僚屬，略史備之天策府（錢注）

止

鄴都署○通鑑梁均王貞明元年晉王發元行欽騎健從代州刺

更番鎮原以守嚴源不回已動之以番軍多起郡署注稱郡署
之名招具稱再鎮以遣川率總帥之接序史曰時有軍招擇名
由散員命行欽曰都郡署（稅上）同光二年佳部署之官招具稱鎮車征召
遣銷刺史○通鑑謙物主召的三年李存矩以等刑刺史盧文進
曰裸將生壽曰（原是盧文進遣領刺史耳（鎮九七七號）

【黑塊】

武德使○通鑑唐莊宗同光三年帝以武德使史彥瓊為鄴都
監軍注阿唐武德使車掌官中軍明宗时當早已而置署坐庭
中侍武德司官中無擇當是其證也（鎮丷龍北）書彥瓊倖人列宫
中之名不盡官官也

衣甲庫使。通鑑後唐莊宗同光三年：帝諱儉費，衣甲庫使馬彥珪馳詣成都，觀崇韜去就（注：衣甲庫使，蓋唐無之，蓋帝所置，內諸司使之一也）（卷二七四）。

相公。通鑑後唐明宗天成元年：趙在禮稱李紹榮爲相公（注：李紹榮以節度使同平章事，故稱之爲相公，所謂使相也）（卷二七五）。凡建節者皆稱相公（卷二七五）。

都部署二。通鑑後唐潞王清泰元年，以王思同爲西面行營馬步軍都部署（注：前此用兵置帥，率以都招討使命之。莊宗時，明宗爲北面招討使，以霍彥威、房知溫爲副都部署。當時爲都部署始以首其人。又孟知祥拒董璋，以趙廷隱爲行營都部署，後遂

以為元帥之任，宋氏建國之初，務因而用之。（錄九五）

除目。通鑑後晉高祖天福元年注：御筆親除付外行者謂之除目；其經宰相奏擬而付外者謂之除目[illegible]（錄卅四）

節度州。通鑑後晉高祖天福三年：中書舍人李詳以藩方薦論之濫，請自今諸道主兵將校之外，節度州聽奏朱記大將以上十人

……注：節度州謂節度使所治之州。朱記大將謂不給銅印給朱記以為印信。（錄卅四）

朱記。見上條。

中書知印。通鑑後晉高祖天福五年八月……壬寅，詔中書知印止委上相，由是事無巨細，悉委於馮道。注：舊制，凡宰相更日

知印（舊紀上）

伏閤○通鑑後晉高祖天福七年注：伏閤，其伏閤門下者，實閤門使。以閤（舊紀三作）

兩使○通鑑後漢高祖天福十二年，帝以……兩使都孔目官南樂王章權三司使。注：兩使，節度、觀察也。（舊紀九下）

小門使○通鑑後漢高祖天福十二年，楚小門使楊滌。注：小門使，諸鎮皆置之，掌門戶之事，府有宴集則執兵居門。（舊紀七下）

衙府○通鑑後漢高祖乾祐元年，史弘肇領歸德節度使，委親吏楊乙收衙府公利，乙依勢驕橫，合境畏之。注：史弘肇領宋州節而掌侍衛，留京師，使節度副使治府事，副使其屬也，故謂之衙

府公利言公所當得者（九四八〇）

公利○見上條

前資官○通鑑後漢隱帝乾祐二年，楊邠奏諸前資官喜動搖藩臣，宜悉遣詣京師。注：前資官，謂前資皆前朝所授者也（九四〇〇）

押班○通鑑後漢隱帝乾祐三年，初，隱帝遣供奉官押班孟業賜昭義節度使常思生辰物，注：供奉官押班，供奉官之首也（九四二〇）

女侍中○通鑑後漢隱帝乾祐三年，南漢主以宮人盧瓊仙、黄瓊芝為女侍中，朝服冠帶，參決政事（九四二二）

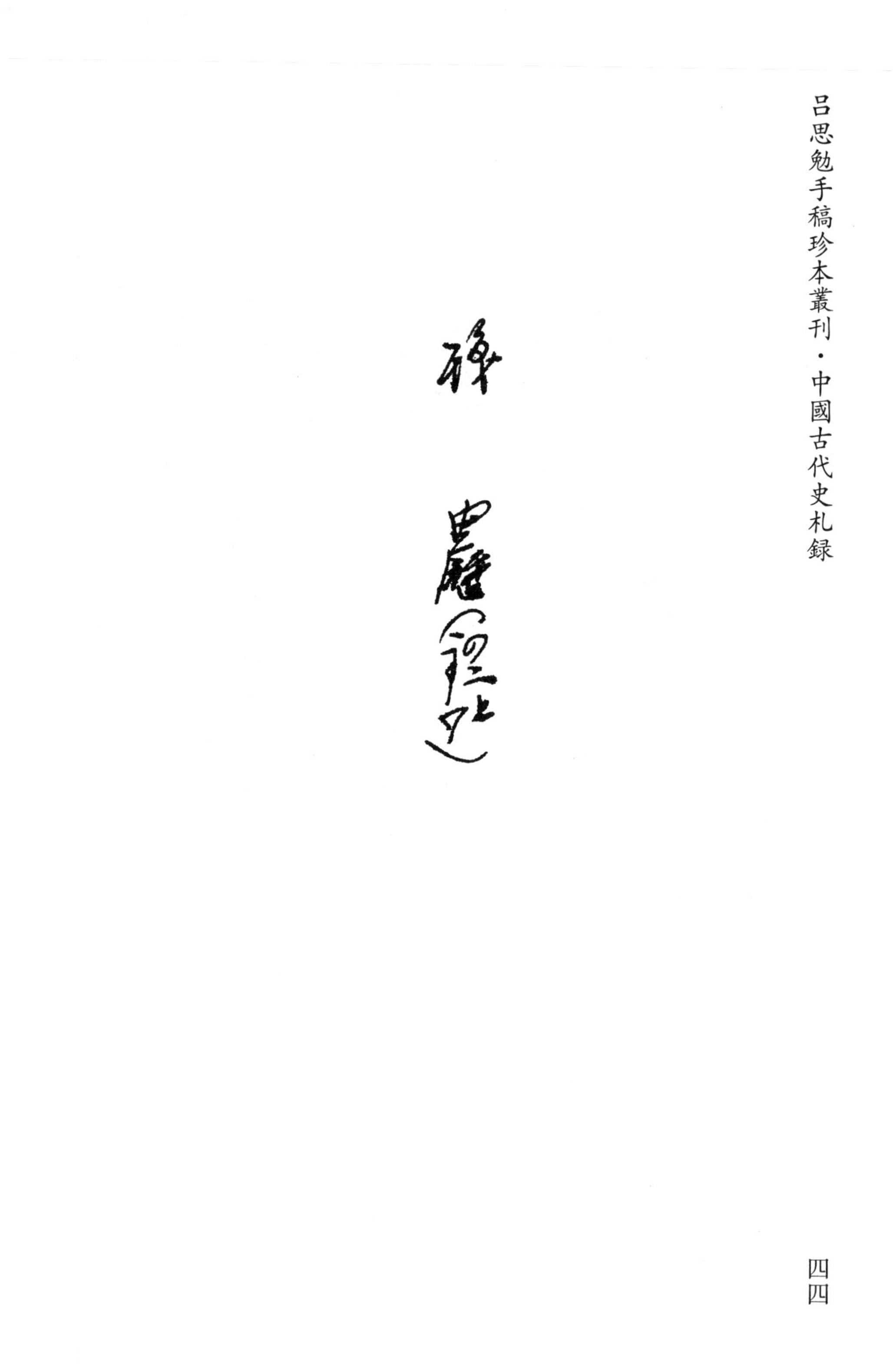

[illegible]

太宗諸子傳 [illegible]、[illegible] [illegible] 恒

（嶼）乾元元年，拜節度，領浙江[illegible]節度，合宣[illegible]

欽賓使，兼領之，復自嶼始（以[illegible]）

[illegible]

[illegible]

南海縣監十七

村首十五

㐅首十

安首十

安南州

又首

全羅林佐

到御史左尹光啓南原使時，得寓於男兄郡守棟[illegible]

節

往了書院宦[illegible]節度使[illegible]，又曾從此使，從到[illegible]城之首[illegible]南

自佐投[illegible]

[illegible]

# 職官

中書門下省（[illegible]）札（[illegible]十四[illegible]）

唐人稱門下左掖，中書西掖

[illegible]

# 的

隋制從駕官帶妻子
陔餘叢考十四七
勉學唐書東夷傳太宗征高麗時之言
則唐時不然　而李陵搜軍女子則漢時
士卒有攜婦女者

善書寶好印

策置紫節存苦程樓年志訣

非條

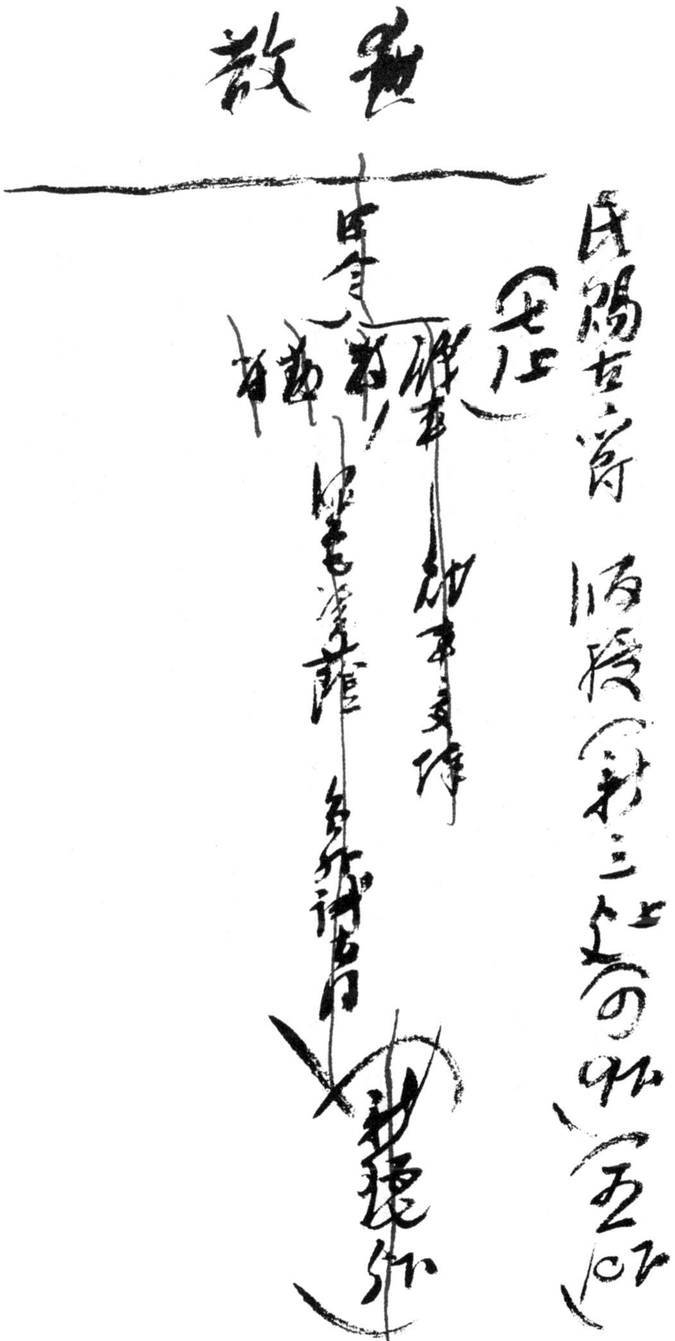

世業之之

凌

（校遼史）「遼之宗室[illegible]」（[illegible]）「[illegible]世[illegible]録之」

「[illegible]卷[illegible]」（卷[illegible]下）

（遼史）「[illegible]」（一百九附）「[illegible]」

「[illegible]遼[illegible]有[illegible]」（卷六上）

（遼史[illegible]編）「[illegible]初對策[illegible]不入第[illegible]戴承編」

「[illegible]遼，補閣門郎尉」（卷[illegible]下）

（遼史[illegible]）「又（遼）舉[illegible]遼[illegible]部侍郎」

「[illegible]首[illegible]楊[illegible]」

「[illegible]遂及第」（[illegible]下）

應尚用道兄

草堂先生前日謁寺欠假[illegible]隱經南北二家二山

於陽山中時有京書世人自不隨聲隱去決乃向桂[illegible][illegible]

為轉拜來[illegible]者矣　月[illegible]小不後舊若在新下將早進山

敬承者[illegible][illegible]日以來不及款一書[illegible]不復緒日以僕致一言仕

宦之樂徒不知何[illegible]　[illegible]三十

56

（杜隱）如海叔父 以海付

以冠有義人与同郡韋訥

觀其意遂之，乃相与講習，不捐用意篤學

既以與人交，微擇友，辭群遂去，入太白山

杜詩隱遁之意，討索遺事，挙勝之考，以西

吾之論，成何義（下六紙）

59

[illegible]

廣東藩鎮營檢樓安（鍾祥七佰述）

附書

梁之滅亡（冊加述）

劉宋平東之亂士族嘗上下（京四二一至述）

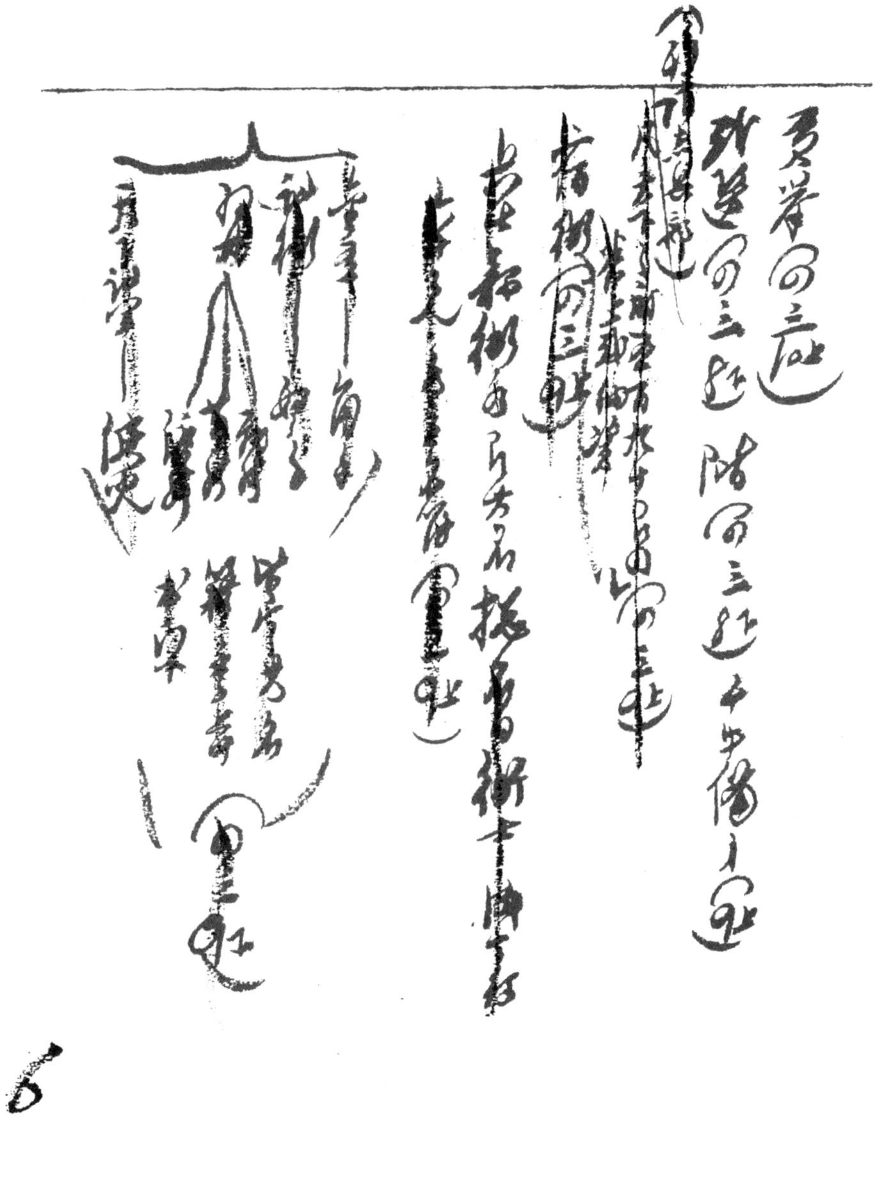

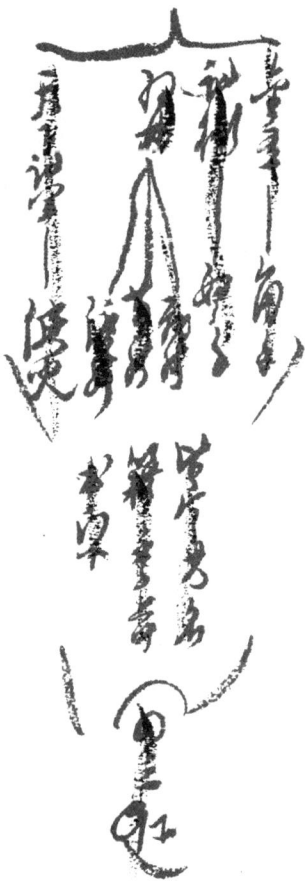

女婢（錢穀八上 錢[illegible]下）

國信兵（錢[illegible]下 職官七上）

高祖兄兵（同三九上）

鎮防團結兵

募兵 義征（同三四上）

神策軍附五府兵[illegible]（同三〇上）

討武兵[illegible]（同三〇上）

黑[illegible]兵 經[illegible]使（同三〇上） 長[illegible]（同三〇上）

本[illegible]使（同[illegible]）

錢[illegible]（同三〇上）

南北衙置左右屯營（同三〇上）

都虞候○通鑑後周太祖顯德元年帝擢太祖皇帝爲殿前都虞候領嚴州刺史注曰魏之末宇文置虞候都虞候之官蓋始於此五代殿前都虞候在副都指揮使之下典都副指揮使同掌殿前親兵嚴州隸嶺南時爲南漢所有遙領刺史耳今武臣所領多遙郡刺史正此類而序階者正除刺史皆謂之正任刺史然亦未嘗臨郡治民也○容筆以上

遙郡刺史○見上條

判知○通鑑後周世宗顯德三年注宋敏求曰凡節度州爲三品刺史州爲五品國初曹翰以觀察使判潁州是以四品臨五品

州也同品為知隔品為判自後惟輔臣宣徽使太子太保僕射為判餘並為知州（鑑二八四）

都點檢○通鑑後周世宗顯德三年十二月以張永德為殿前都點檢注後唐以來專典兵事及出征則置大同都點檢之名後周選驍勇之士為殿前諸班始置殿前都點檢於都指揮使之上自宋太祖皇帝以殿前都點檢登極自後不復除授（鑑二九三）

行○通鑑唐太宗貞觀十年二月以魏王泰為相州都督不之官以金紫光祿大夫張亮行相州都督事注唐制凡注官階卑而擬高者則曰守階高而擬卑則曰行今張亮以都督事乃用宋之謂主典方面置行事之例與注官之行不同（鑑一九四）

試官　行守○通典職官典卷十九試者未為正命凡正官皆稱行
守其階高而官卑者稱行階卑而官高者稱守官階同者並無
行守字
員外同正○又[illegible]外官其初但云員外至永徽六年以蔣孝璋為
尚藥奉御員外特置仍同正員自是員外官復有同正員者其
加同正員者唯不給職田耳其祿俸賜與正官同單言員外者
[illegible]則俸祿減正官之[illegible]半
檢校試攝判知○又攝者言敕攝非州府版署之命檢校者云檢
校某官判者云判某官事知者云知某官事皆是詔除而非

手力雜給　○舊書武宗紀：會昌五年五月，中書奏……又奏准今年二月八日赦文，應京諸司新留官合本處（封）留手力雜給，并據官品，臣等檢詳諸（司），正官料錢絕少，雜給手力即多。今正官新留亦管公事，料錢少於雜給，奏下書走中臣等商量，其正官料錢雜給等錢，許每貫剋留二百文，其據支餘並以實發之（卷十八上作）。又李德裕傳：初德裕擬奏大減官員，人情嗟怨（可），謗議後之，以從人欲。因是奏罷兼試額內官閑散等官，加百官俸料，隨閑劇加置手力課，上從之。人亦以為便。而覽奏奏遂改易，使同品之內，月俸多少懸等（附注）。新書食貨志略同……

……後置手力資課……（卷五十七）　左右衛上將軍以下又有六

雜給四曰手力手力別有資餉　州縣有手力雜給然準最

若干也（見五世下）

左右前後○唐宋六部之次吏戶禮在左兵刑工在右吏兵爲前

以戶刑爲中以禮工爲後以由工而趨禮自右趨左也由禮而

趨刑自後行趨中以也此當時敍遷之稱考古制者不可不知

廿二史考異

三館○馬植作相兼令三館學士不（絕）以其意自植始按三館者集

賢殿弘文館史館也

殮錢。唐書方技傳傳：又袁數捨宴補闕上官，不授，亦不授人，故

諫可權錢畢賭而已，仍令收其殘殮錢，令歲中賞給於中。

如舍人……」（一冊上）

代宗紀：大曆十二年八月癸卯，宰臣議賜

食先是元載、王縉輔政，每日賜食，因為故事，至是常袞等上表

云殮錢已多，更須御膳，胡顏自安，乞停賜食，從之。」（四一冊上）

登朝官　升朝官　京官。廿二史考異：唐時稱登朝官者，史未有明文。考百官志：文官五品以上及两省供奉官監察御史員外郎·太常博士日參稱常參官，其餘職事九品已上官但朝朔望而已。常參官即裴垍所謂登朝官也。宋制侍從御監已郎員外郎而下以正言拾遺，如唐之太常博士國子博士太常丞秘书丞殿中丞太子中允贊善大夫中舍洗馬為升朝官；著作佐郎大理丞和衛尉將作丞大理評事太常寺太祝奉禮郎秘书省校书郎·正字將作監主簿為京官，略與唐制同。

舊书職官志·禮部：凡京司文武職事官九品已上每朔望朝參

五品已上及供奉官員外郎監察御史太常博士每日參　四三

[illegible]　吏部　凡京司有常參者，謂五品以上職事官、八品已上供奉官、員外郎、監察御史、太常博士

供奉官　兩省自侍中、中書令已下盡名供奉官　諫議大夫、清望官四品已下八品已上清官每日以六品已上清官兩人待制於衙，供奉官、侍御史不在此例

四三之下

臨畫

乃使□□以任□史□□□□

縣鄉邑（正）下

定年□月

全天下縣邑城（陸述）下

「諸官國皆有其國提調所任□□□宮國□ 宗紀元

昭紀始元二年「有司請河內屬冀州，河東屬并州」文

顏日本屬司州，師古曰舊屬京師，司隸所部

「前昭日中國為內郡，緣邊有秋障塞者為外郡，成帝

時內郡舉方正（地）二十二郡舉孝廉士」 宣紀本始元年注

元帝紀永光二年 汝祖宗廟在郡國者諸陵分屬三輔 節略

淵屬太常

區畫二

漢書元紀建昭三年户十二萬爲大郡

秦漢郡邑數（漢書六六下8下引傳）

下縣「湘郡府都」漢書陳湯傳注四十下

支郡（漢書晁錯傳四九上）

漢郡南直隸（漢書傳 2上）

左馮翊右扶風皆治長安中（漢書趙廣漢傳七六 2上）（引注）

設初郡之策（漢書 八下）

漢書 地理志下 24上

三國志吳書云孫堅年二十五長沙中
官幕王府翰林郎二寬一銀劍節
今以為尉無郭（四位）
守王記（字書初二年二月八月以來）
侍郎之職（同位）
嘉平三寬翰郎[illegible]（四位）
論儀郎（四位）

[illegible]建三

封國名隨[illegible]廢[illegible]侯[illegible]侯[illegible]

當[illegible]（[illegible]十二[illegible]）見[illegible]（[illegible]述上）

漢書建始末利弊，諸侯王表序[illegible]

漢書諸侯[illegible]得[illegible]母[illegible]後[illegible]（述上）

漢書諸侯[illegible]權[illegible]

居權[illegible]非[illegible]錯旋踵[illegible]絶

漢之高[illegible]而[illegible]諸侯[illegible]如酒[illegible]秦始皇本紀所

謂[illegible]以[illegible]封[illegible]侯自置吏令長受令長也

地也

其地[illegible]附庸[illegible]述上

按此釋諸侯之地千乘之國器之制也鎌刈割器纆細縛索

按此一節言土地就

中論不可食者而除之紀其可食之實不可徒論廣狹也

大下乘馬服牛而任之輕重有制有壹宿之行一宿有定準則百宿可知也道之遠近有數矣是知諸侯之地千乘之國者所以知地之小大也所以知任之輕重也重而後損之是不知任也輕而後益之是不知器也不知任不知器不可謂之有道地之不可食者山之無木者百而當一涸澤百而當一地之無草木者百而當一樊棘雜處民不得入焉百而當一藪鐮纆得入焉九而當一蔓山其木可以為材可以為軸斤斧得入焉九而當一汎山其木可以為棺可以為車斤斧得入焉十而當一流水網罟得入焉五而當一林其木可以為棺可以為車斤斧得入焉五而當一澤網罟得入焉五而當一命之曰地均以實數方六里命之曰暴五暴命之曰部五部命之曰聚聚者有市無市則民乏五聚命之曰某鄉四鄉命之曰方官制也官成而立邑五家而伍十家而連五連而暴五暴而長命之曰某鄉四鄉命之曰都邑制也邑成而制事四聚為一離五離為一制五制為一田二田為

按此一節言官邑事器之制

按此一節言既立制而遂定賦也

一夫三夫為一家事制也事成而制器方六里為一乘之地也一乘者四馬也一馬其甲七其蔽五（蔽所以捍車馬）四乘其甲二十有八其蔽二十白徒三十人奉車兩器制也方六里一乘之地也方一里九夫之田也黃金一鎰百乘一宿之盡也無金則用其絹季絹三十三（三等其下者曰季）制當一邑無絹則用其布經暴布百兩當一鎰一鎰之金食百乘之一宿則所市之地六步一斟（一本作升）命之曰中歲有市無市則民不乏矣方六里名之曰社有邑焉名之曰央亦闗市之賦（命出闗市之賦）黃金百鎰為一篋其貨一穀籠為十篋其商苟在市者三十人其正月十二月黃金一鎰命之曰正分春曰書比立夏曰月程秋曰大稽與民數得亡三歲修封五歲修界十歲更制經正也十仞見水不大潦（大潦一本作大績繼也預貯水也）五尺見水不大旱十一仞見水輕征（征稅也）十分去二三（謂去十仞之二三）二則去三四（謂去十仞之三）四則去四（謂去十仞之四）五則

按此言士賈工雖習其業不在官者正月亦與耕公日三日借

去半比之於山五尺見水言平地五仞見水同於山五尺見水十分去一四則去三八尺曰仞分九仞則屈每分有二仞二尺去其三則餘有一丈八尺三則去二二則去一三尺而見水比之於澤續曰言地高則難滂故曰十仞見水不大滂地低則難旱故曰五尺見水不大旱當滂之時若高亢地十一仞見水則常征十分中免二三分十二仞見水則免三四分十四仞見水則免四分十五仞見水則免五分以其極高難灌溉可以比於山也當旱之時若汙下地五尺見水則常征十分免四分四尺見水則免三分三尺見水則免二分二尺見水則免一分以其極低易灌溉可以比於澤也十分去一當作十分去四乃字之誤距國門以外窮四竟之內丈夫二犂童五尺一犂以為三日之功正月令農始作服于公田農耕及雪釋耕始焉芸卒焉士聞見博學意察而不為君臣者與功而不與分焉此人學以為君之臣也然以高尚其事而不為若此者預食農收之功而不受力作之分也賈知賈之貴賤日至於市而不為官賈者與功而不與分焉工治容貌功能日至於市而不為官工者與功而不與分焉不可使而為工則視貸離之實而出夫粟是故智者知之愚者不知不可以教民教民必以有智者巧者能之拙者

民以盡地利

按此言教人當使智愚皆知

[illegible]民天下不[illegible]無所用[illegible]人[illegible]之

不能不可以教民（教人為工必以巧者欲令愚智之人盡曉知之然後可以教人也）非一令而民服之也不可以為大善非夫人能之也不可以為大功是故非誠賈不得食於賈非誠工不得食於工非誠農不得食於農非信士不得立於朝是故官虛而莫敢為之請君有珍車珍甲而莫之敢有君舉事臣不敢誣其所不能君知臣臣亦知君知己也故臣莫敢不竭力俱操其誠以來道曰均地分力使民知時也民乃知時日之蚤晏日月之不足飢寒之至於身也是故夜寢蚤起父子兄弟不忘其功為而不倦民不憚勞苦故不均之為惡也地利不可竭民力不可殫不告之以時而民不知不道之以事而民不為與之分貨則民知得正矣審其分則民盡力矣是故不使而父子兄弟不忘其功

右士農工商（按此篇言均地立制定賦之法率民盡地力終之以人君出令之事末又言均地分力使民知時為下三節之綱謂之士）

譙責讓也
計上計也
及生及也
著標著也
使備曹署著其名

右五事

分國以為五鄉鄉為之師分鄉以為五州州為之長分州以為十里里為之尉分里以為十游游為之宗十家為什五家為伍什伍皆有長焉築障塞匿（匿隱）一道路博出入審閭閈慎筦鍵筦藏于里尉置閭有司以時開閉閭有司觀出入者以復于里尉（復白）凡出入不時衣服不中圈屬（羊豕之類也）羣徒（衆作役也）不順於常者閭有司見之復無時若在長家子弟臣妾屬役賓客則里尉以譙于游宗游宗以譙于什伍什伍以譙於長家譙敬而勿復（既譙能敬而從命無事可白則是教令行）一再則宥三則不赦凡孝悌忠信賢良儁材若在長家子弟臣妾屬役賓客則什伍以復于游宗游宗以復于里尉里尉以復于州長州長以計於鄉師鄉師以著於士師凡過黨其在家屬及于長家其在長家及於什伍之長其在什伍之長及於游宗其在游宗及於里尉其在里尉及於州長其在州長及於鄉師其在鄉師及於士師三月一復六月一計


埽葉山房石印

按侈曰專制謂增之不足曰虧令謂損也



十二月一著。凡上賢不過等，謂上賢雖才用絕倫，無得過其勞級。使能不兼官，罰有罪不獨及，罪必有首從，及黨與也。賞有功不專與。孟春之朝，君自聽朝，論爵賞校官，終五日。季冬之夕，君自聽朝，論罰罪刑殺，亦終五日。正月之朔，百吏在朝，君乃出令布憲于國。五鄉之師，五屬大夫，皆受憲于太史。大朝之日，五鄉之師，五屬大夫，皆身習憲于君前。太史既布憲，入籍于太府。入籍者入取籍于太府也。憲籍分于君前。五鄉之師出朝，遂于鄉官致于鄉屬，及于游宗，皆受憲。憲所以察時令，籍所以視功過。憲既布，乃反致令焉。致令于君。然後敢就舍。憲未布，令未致，不敢就舍。就舍，謂之留令，罪死不赦。五屬大夫皆以行車朝，出朝不敢就舍，遂行至都之日，五屬之都。遂於廟致屬吏，皆受憲。憲既布，乃發使者致令以布憲之日，蚤晏之時，憲既布，使者以發，然後敢就舍。憲未布，使者未發，不敢就舍。就舍，謂之留令，罪死不赦。憲既布，有不行憲者，謂之不從令，罪死不赦。考憲而有不合于太府之籍者，侈曰專制，不足曰虧令，罪死不赦。首憲歲朝之憲。既布，然後可以布憲。憲謂月朝之憲。

此篇制法周密非管子不能作

度地第五十七　　襍篇八

昔者桓公問管仲曰寡人請問度地形而爲國者其何如而可管仲對曰夷吾之所聞能爲霸王者蓋天子聖人也故聖人之處國者必於不傾之地（言其處深厚岡原複壯者謂之不傾）而擇地形之肥饒者鄉山左右經水若澤（其國都或在山左或向山右及緣水澤然後建）內爲落渠之寫因大川而注焉（謂於都內更爲落水之渠以注於大川）乃以其天材地之所生利養其人以育六畜（天材謂五穀之屬因天時而植者也）天下之人皆歸其德而惠其義（惠順）乃别制斷之（乃分别其地制而斷之）州者謂之術（地數充爲州者謂之術）不滿術者謂之里（不成術而餘者謂之里）故百家爲里里十爲

術術十為州州十為都都十為霸國不如霸國者國也（不成於霸國者諸侯之國也）以奉天子（霸國率諸侯以奉天子也）天子有萬諸侯也其中有公侯伯子男焉天子中而處此謂因天之固（所處之地自然不傾故曰因之）歸地之利內為之城城外為之郭郭外為之土閬（閬謂隍）地高則溝之下則隄之命之曰金城樹以荊棘上相穡著者所以為固也（穡鉤也謂荊棘刺條相鉤連也）歲修增而毋已時修增而毋已福及孫子此謂人命萬世無窮之利人君之葆守也（謹置國都繕修城郭此人君所保全而守）臣服之以盡忠於君君體有之以臨天下故能為天下之民先也此宰之任則臣之義也（宰謂執君之政者也）故善為國者必先除其五害人乃終身無患害而孝慈焉桓公曰願聞五害之說管仲對曰水一害也旱一害也風霧雹霜一害也厲一害也蟲一害也（厲疾病也）此謂五害五害之屬水最為大五害已除人乃可治

62

書記

國。塗十日不通矣。既有兵難故國之道塗行旅十日不得通也公子開方以書社七百下衛矣。古者羣居二十五家則共置社謂以社數書於策謂用此七百之書社降於下衛也食將不得矣。作亂欲公之死故不給之食公曰嗟茲乎聖人之言長乎哉。言其所見者遠死者無知則已若有知吾何面目以見仲父於地下。乃援素幭以裹首而絕。幭所以覆軨也死十一日。蟲出於戶。乃知桓公之死也。葬以楊門之扇。謂用

管子小稱

入州里。觀習俗。聽民之所以化其上。(君斯作矣人胥效矣故人莫不化上)而治亂之國可知也。州里不鬲。(無限鬲也)閭閈不設。出入毋時。早晏不禁。則攘奪竊盜攻擊殘賊之民毋自勝矣。(自從也既不設備則盜賊無從而勝)食谷水。巷鑿井。(谷水巷井則出汲者生其婬放)場圃接。(鄰家子女易得交通)樹木茂。(婬非者易為)宮牆毀壞。門戶不閉。外內交通。則男女之別毋自正矣。鄉毋長游。(什長游宗也)里毋士舍。(士謂里尉每里當置舍使尉居焉)時無會同。(鄉里每時當有會同所以結恩好也)喪烝不聚。(烝冬祭名)禁罰不嚴。則齒長輯睦毋自生矣。(鄉里長第當以齒也)故昏禮不謹。則民不修廉。論賢不鄉舉。則士不及行。貨財行於國。則法令毀於官。請謁得於上。則黨與成於下。鄉官毋法制。百姓羣徒不從。此亡國弒君之所自生也。故曰入州里。觀習俗。聽民之所以化其上者。而治亂之國可知也。

管子八觀

死之。博厚則感人深，故死之也。賞罰莫若必成，使民信之。夫善牧民者，非以城郭也，輔之以什，司之以伍。謂什長伍長。伍無非其人，雖伍長亦選能者為之也。人無非其里，謂無容寄里。無非其家。言不雜居他人家。故奔亡者無所匿，遷從者無所容。有什伍司之，不容他寄也。不求而約，不召而來。亡徙無所容匿，故不求名而自來。故民無流亡之意，吏無備追之憂。人不流亡，何所備而追之。故主政可往於民，民心可繫於主。謂繫屬於主。夫法之制民也，猶陶之於埴，冶之於金也。人之從法，若埴金之從陶冶也。故審

题边

姓。百姓舉利之。此所謂能以所不利利人者也。所謂能以所不有予人者。武王是也。武王伐紂。士卒往者。人有書社。入殷之日。決鉅橋之粟。散鹿臺之錢。殷民大説。此所謂能以所不有予人者也。

巨畫

離卿乚別卿不為關邑於附者

罪之子備城門十二尺城小人家……

# 己叢叢書

呂覽上卷

春秋叢書分句 左圖

朝大夫　都則　都士

朝大夫掌都家之國治都家王子弟公卿及大夫之采地也主其國治者平理其來文書於朝者○治直吏反注下同【疏】朝大至國治○釋曰都家同言國者雖有百里五十里二十五里不同皆謂之國此則王制云畿內九十三國者也云國治者都家有文書來者平理之也○注都家至朝者○釋曰王子弟亦以親疏分置於三處食采地公卿大夫者公百里任疆地卿五十里任縣地大夫五十里任稍地日朝以聽國事故以告其君長國事故天子之事當施於都家者也告其君長使知而行之也君謂其國君長其卿大夫也○長丁丈反注同【疏】注國事至夫也○釋曰云日朝者朝大夫日日在朝以聽受國事故天子之事以告采地之君長都云君謂其國君長其卿大夫也者總而言之皆曰國君別而言之惟三公及王子弟得稱國君卿大夫總稱長是以司裘國君共熊侯豹侯卿大夫共麋侯是其別稱也國有政令

朝大夫每國上士二人下士四人府一人史二人庶子八人徒二十人此王之士也使主都家之國治而命之朝大夫云○治直吏反【疏】朝大至十人○釋曰在此者案其職云掌都家之國治因有邦國賓客在秋都家之治亦在此○注此王至夫云○釋曰此云每國上士二人是王朝之士以其主采地之國治事重則名之曰朝大夫云畿內三等采地地雖有百里五十里二十五里總謂之國若王制云九十三國也云庶子者蓋亦主采地之諸子今在府史之下蓋官長所自辟除也

都則中士一人下士二人府一人史二人庶子四人徒八十人都則主都家之八則者也當言每都如朝大夫及都司馬云【疏】注都則至馬云○釋曰此官已闕鄭知主八則者太宰云八則治都鄙此經云都則故知則八則也

都士中士二人下士四人府二人史四人胥四人徒四十人家士亦如之都家之士主治都家吏民之獄訟以告方士者也亦當言每都【疏】注都家至每都○釋曰在此者此官雖闕義理可言以其稱士則知主獄故鄭云都家之士主治都家吏民之獄訟以告方士者也必知王家不置都士而云都家之士者以其都司馬使王自為之家司馬家自置司馬以司馬主軍事重故王置都司馬此刑事輕於軍故都家王皆不置都士但已有方士主其獄故使都家之士以獄告也

則令其朝大夫使以告其都家之吏疏注使以至之吏○釋曰上文據天子國事遣朝大夫告君長此經據天子政令告朝大夫之事凡都家之治於國者必因其朝大夫然後聽之唯大事弗因謂以小事文書來者朝大夫先平理之乃以告有司也大事者非朝大夫所能平理疏凡都至弗因○釋曰此經據都家有事上諸王府之事

凡都家之治有不及者則誅其朝大夫不及謂有稽殿之○殿都練反疏注不及至殿之○釋曰都家治有不及稽殿誅朝大夫者以其朝大夫專主都家責其不能催促故也在軍旅則誅其有司有司都司馬家司馬疏注有司至司馬釋曰言此有見軍旅不于朝大夫之事都司馬王家之司馬王臣爲之者家司馬鄉大夫使家臣自置其司馬者也諸言闕者皆是因秦燔滅其籍漢興購求不得也

都則闕

都士闕

家士闕

掌鄉合州黨族閭比之聯與其民人之什伍使之相安相受以比追胥之事以施刑罰慶賞鄉合鄉所合也追追寇也胥讀如宿偦之偦偦謂司搏盜賊也○比毗志反下同比追如字劉張類反胥如字劉思敘反注偦同搏音博劉音付

疏掌鄉至慶賞○釋曰士師掌鄉中合聚之法者以爲有施刑罰也云州黨族閭比之聯即是鄉合之事云與其人民之什伍者此即因內政寄軍令之類五家爲比比即一伍也二伍爲什據追胥之時云使之相安相受者宅舍有故使當比當閭相受寄託使得安穩也云以比追胥者以比什伍使追胥二事也云以施刑罰慶賞者使鄰伍相及也○注鄉合至賊也○釋曰云追追寇者即公追戎於濟西是也胥讀如宿偦之偦者時有夜宿逐賊謂之偦即司搏盜賊是也

建邑

土方氏掌土圭以建邦國同都鄙

土方氏與巡守

土方氏上士五人下士十八人府二人史五人胥五人徒五十人土方氏主四方邦國之土地 疏 注土方至土地 釋曰在此者按其職云以土地相宅而建邦國都鄙與職方連類在此也故注四方邦國之土地

土方氏掌土圭之灋以致日景致日景者夏至景尺有五寸冬至景丈三尺其間則日有長短 疏 注致日至長短○釋曰按玉人職土圭尺有五寸以致日先鄭注大司徒以爲於潁川陽城夏日至晝漏半立八尺之表表北得尺五寸景適與土圭等則爲地中以建王國也冬至景丈三尺者亦於潁川陽城冬至晝漏半立八尺表表北得丈三尺景亦爲地中云其間則日有長短者謂冬至日極短夏至日極長其極長極短之間冬至後日漸長夏至後日漸短假令冬至日南至之後日漸北之時日行大分六寸分四大分者一寸爲十分小分者十分寸之一分又爲十分但日景一寸則於地千里大分一爲百里小分一則爲十里則冬至後日向南行六百四十里但冬至丈三尺景除本尺五寸外加丈一尺五寸從冬至至春分晝夜等之時則減五尺七寸半景從春分到夏至又減五尺七寸半景則減盡丈一尺五寸惟有尺五寸在以爲夏至之景南戴日下萬五千里謂之地中故云其間則日有長短也

以土地相宅而建邦國都鄙土地猶度地知東西南北之深而相其可居者宅居也○相息亮反注同度待洛反深尺鴆反 疏 注以土至都鄙○釋曰上經據建王國度地法此經據封畿外及畿內都鄙○注土地至居也○釋曰景一寸差千里一分則百里但封邦國都鄙無過五百里已下則取分無取於寸一分則百里爲男國亦爲大都已上差之二分則二百里子國已外可知若小都五十里則爲小分五分若大夫二十五里則爲小分二分半言東西南北之深者景侵入爲深地之遠近里數侵入亦爲深也言相宅者既欲度景先相所居乃後度之以辨土宜土化之灋而授任地者土宜謂九穀稙稺所宜也土化地之輕重糞種所宜用也任地者載師之屬○稙張力反稺直吏反種章勇反 疏 注以辨至地者○釋曰既爲土方氏非直度地相宅亦當相地所宜故須辨土宜并土化之灋而授任地者此謂以書作法授之○注土宜至之屬○釋曰九穀之文出於九職言土宜明是土地所宜故以此推之云土化地之輕重糞種所宜用也者謂若草人職掌糞種之法也有九種輕重不同其所用糞種若用麋用牛之等是也云任地者載師之屬者載師掌任地事下文廛里已下皆是任地之事也

王巡守則樹王舍爲之藩羅 疏 注爲之藩羅○釋曰謂若掌舍設梐枑之時則此官亦爲王於外周帀樹藩羅

夏衰

遂人掌邦之野郊外曰野此野謂甸稍縣都疏注郊外至縣都○釋曰遂在遠郊百里之外即遂人所掌之野在郊外曰野之中故鄭云郊外曰野鄭又知此野謂甸稍縣都者從二百里至五百里皆名野者此遂人不言掌遂又見下文云以達于畿明遂人掌野通至畿疆也但遂人雖專掌二百里之中乃兼掌三百里以外其有溝洫井田之法皆知之也

以土地之圖經田野造縣鄙形體之灋五家爲鄰五鄰爲里四里爲酇五酇爲鄙五鄙爲縣五縣爲遂皆有地域溝樹之使各掌其政令刑禁以歲時稽其人民而授之田野簡其兵器教之稼穡經形體皆謂制分界也鄰里酇鄙縣遂猶郊內比閭族黨州鄉也鄭司農云田野之居其比伍之名與國中異制故五家爲鄰玄謂異其名者示相變耳遂之軍法追胥起徒役如六鄉○鄭作管反後同分扶問反又如字下分制同比毗志反下同追如字劉張類反疏以土至稼穡○釋曰遂人以土地之圖據圖以經界其田野田野謂田在百里之外野中所經界者即造縣鄙已下是也云造縣鄙者此與下五家爲鄰之等爲揔目五家已下有六等略言二者耳云皆有地域溝樹之者從五家已下據地境界四邊營域爲溝溝上而樹之也云使各掌其政令刑禁者五家則鄰長施政令五鄰則里宰施政令已上皆施之云以歲時稽其人民者稽計也人民猶言夫家夫家男女也以歲之四時計其所管男女多少而損益之云授之田野者若下文一廛田百畮云簡其兵器者若族師旗鼓兵革云教之稼穡者亦若計耦耕事○注經形至六鄉○釋曰云經形體皆謂制分界也者以田野云經縣鄙云造形體之法明是爲田野云經緯爲縣鄙云形體二者同實而異名明俱爲分界處所也云鄰里酇鄙縣遂猶郊內比閭族黨州鄉以家數相對是同故云猶郊內也先鄭云田野之居其比伍之名與國中異制者田野之居釋經經田野比伍之名謂夫一廛田百畮也言比五則經中言五皆是也名與國中異制亦異以其六遂之內上地有萊五十畮并下劑致甿並異也玄謂異其名者示相變耳者此後鄭直增成先鄭家數雖同其名異之意云遂之軍法追胥起徒役如六鄉者案小司徒云乃會萬民之卒伍而用之五人爲伍五伍爲兩四兩爲卒五卒爲旅五旅爲師五師爲軍以起軍旅以作田役以比追胥以令貢賦注云鄉之田制與遂同但彼鄉中唯見出軍無田制此遂人唯見田制無出軍法故鄭彼注云鄉之制與遂同此遂之軍法追胥起役如彼六鄉互見其義明彼此皆有也但彼此雖相如據大較而言細論之仍有少異以其六鄉上劑致民六遂下劑致甿六鄉上地無萊六遂上地有萊有萊是其稍異也

區畫　後遂　經稽

稍人下士四人史二人徒十有二人出爲縣師令都鄙丘甸之政也距王城三百里曰稍家邑小都大都自稍以出焉○爲于僞反甸繩正反又如字

疏　稍人至有二人○釋曰其官在此者其職云掌令丘乘之政令言丘乘則三等采地也故與縣師遂人等連類在此○注主爲至出焉○釋曰云主爲縣師令都鄙丘甸之政也者案其職云若有會同師田行役之事則以縣師之法故云主爲縣師令都鄙丘甸之政也云距王城三百里曰稍者案載師家邑任稍地在三百里內故知三百里曰稍云家邑小都大都自稍以出焉者以其家邑在三百里小都在四百里大都在五百里從三百里向外故言自稍以出

稍人掌令丘乘之政令丘乘四丘爲甸甸讀與惟禹敶之之敶同其訓曰乘由是改云是掌令都鄙脩治井邑丘甸縣都之溝涂云丘甸者舉中言之溝涂之人名井別邑異則民之家數存焉○丘乘繩證反注丘乘曰乘丘甸并爲甸甸讀禹敶之敶皆同音

疏　稍人至政令○釋曰云掌令丘乘之政令者四井爲邑四邑爲甸甸出長轂一乘故云丘乘不言令井邑者舉中而言也言令者謂三等采地之中爲溝涂之法耳○注丘乘至存焉○釋曰丘乘四丘爲甸據小司徒而言之也云甸讀與惟禹敶之之敶同者案毛詩云惟禹甸之不言敶者鄭先通韓詩此據韓詩而言敶敶是軍陳故訓爲乘言由是改云者由甸出車一乘可以爲軍故改云乘不爲甸也云是掌令都鄙脩治井邑丘甸縣都之溝涂云丘甸者舉中言之者此據小司徒職云四井爲邑四邑爲丘四丘爲甸四甸爲縣四縣爲都而言也知直令爲溝涂者以下文云若有會同則以縣師之法作其同徒役是令軍法明此惟令治溝涂而

距王城三百里曰稍——家邑小都大都自稍出

稍人掌令修治邑都……溝涂

鄭先通韓詩，注周禮或據韓

稍人司役

用役者必取其徒以人數調之役者急遂師爲

已云溝涂之人名井別邑異則民之家數存焉者謂甸方八里其中六十四井使出田稅外加一里三十六井使治溝洫不出稅云民之家數存者假令上地一井地有九夫中央一夫助八公傍八夫各百畝以自入則一井地有九夫家則有八四井為邑三十二家據一成而言則三十六井使治溝涂各有人名故云溝涂之人名井別邑異民之家數存在於一成之中矣

若有會同師田行役之事則以縣師之灋作其同徒輂輦帥而以至治其政令以聽於司馬有軍旅會同田役之戒縣師受法於司馬邦國都鄙稍甸郊里唯司馬所調以其法作其衆庶及馬牛車輦會其車人之卒伍使皆備旗鼓兵器以帥而至是以書令之耳其所調若在家邑小都大都則稍人用縣師所受司馬之法作之帥之以致於司馬也同徒司馬所調之同凡用役者不必一時皆徧以人數調之使勞逸遞焉○輂居錄反卒伍子忽反調徒弔反下同徧音遍遞徒禮反又音弟本又作適音釋

疏 若有至司馬○釋曰云若者此事或有或無故云若為不定之辭也云會同者謂時見曰會殷見曰同云師田者謂出師征伐及田獵云行役者謂巡守及興役云則以縣師之法作其同徒者稍人屬縣師縣師屬大司馬大司馬得王進止縣師即受法於司馬縣師既得法稍人又受法於縣師故云以縣師之法作其同徒也既作同徒乃致與大司馬故云以聽於司馬也○注有軍至遞焉○釋曰有軍旅會同田役之戒縣師受法於司馬邦國都鄙稍甸郊里唯司馬所調者縣師注云郊里郊所居也謂六鄉之民布在國中外至遠郊故有居在郊者也云以其法作其衆庶及馬牛車輦會其車人之卒伍使皆備旗鼓兵器以帥而至者並縣師職云其間云縣師及邦國都鄙稍甸郊里唯司馬所調以其法並鄭所加加之者欲見縣師受法於司馬稍人又受法於縣師之意也云是以書令之耳者此鄭君之言是以此稍人書而令作其同徒之事云其所調若在家邑小都大都則稍人用縣師所受司馬之法作之帥之以致於司馬也者此鄭取縣師之文合於此經共文此稍人受法於縣師所受司馬之法云同徒司馬所調之同者此即縣師受法於司馬者也云凡用役者不必一時已下此釋其同徒同其勞逸遞等也

大喪帥蜃車與其役以至掌其政令以聽於司徒蜃車及役遂人共之稍人者野監是以帥而致之既夕禮曰既正柩賓出遂匠納車于階間則天子以至于士柩路皆從遂來

疏 大喪至司徒○釋曰此經釋天子之喪將葬使稍人帥蜃車及役人使至之事云以聽於司徒者以其司徒地官卿掌徒庶之政令故稍人帥衆以聽於司徒也○注蜃車至遂來○釋曰鄭知蜃車及役遂人共之者案遂人職云大喪帥六遂之役而致之又云及葬帥而屬六綍又遂師職亦共匠龍及蜃車之役故知遂人共之也云稍人者野監是以帥而致之者此欲釋得在稍人之意以其監三等采地是野監故得并監六遂蜃車之事也云

天子以至于士柩路皆從遂來者此經上舉天子既夕下舉士喪則其中有諸侯卿大夫之喪蜃車柩路皆從遂人而來可知

書眉

邊邑

玉藻：凡自稱，天子曰予一人，伯曰天子之力臣，諸侯之於天子曰某土之守臣某，其在邊邑曰某屏之臣某。注：邊邑，謂九州之外。

勉案：此必亦邊徼內諸侯。

巨

重

太宰前

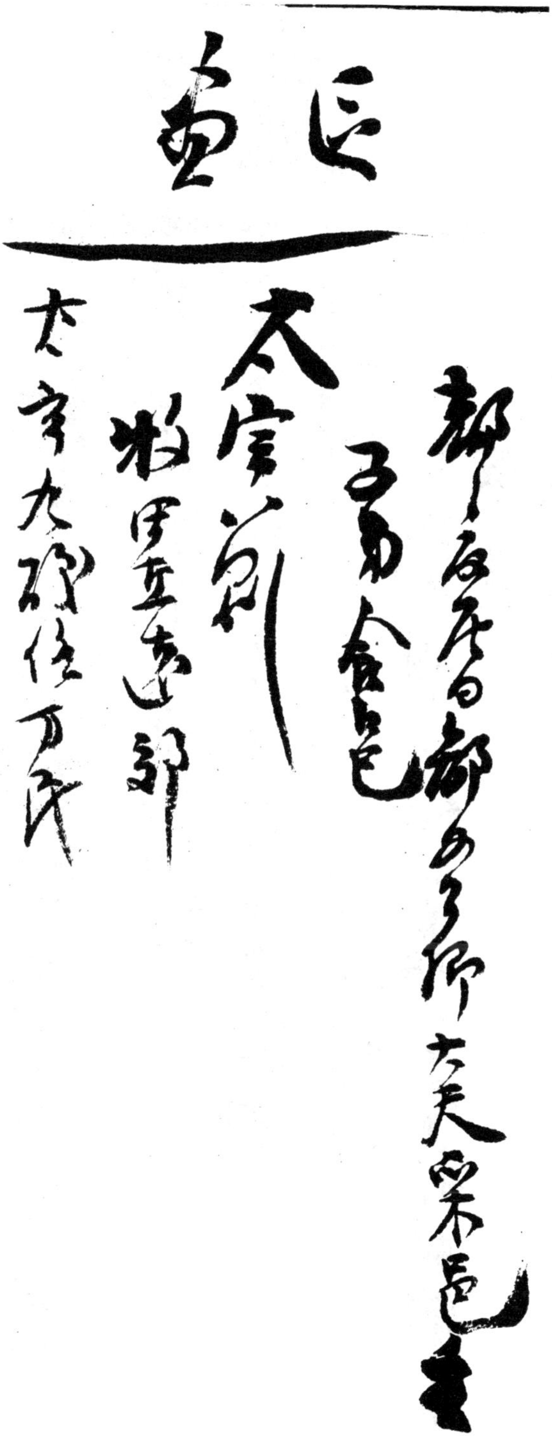

區畫

國

對文郭外言郊，散文邑外謂之郊

據王建國，國依國保郊

太宰之職……以佐王治邦國

以八法治官府……以八則治都鄙

周禮邦國連言據諸侯，單言邦或國亦據王國

乃言天官冢宰

右郎闕
遂二手文字置
出使ー依四釋
版ー正精ー閣ー知閣
太宰少宰太師
正畫

邑里（植物）

向郊野

果蓏

共野果蓏之薦甸在遠郊之外郊外曰野果桃李之屬蓏瓜瓞之屬○蓏力果反瓞大結反疏注甸在至之屬○釋曰鄭言甸在遠郊之外者案載師公邑之田任甸地在二百里中司馬職百里爲遠郊今言甸在遠郊外則是二百里中云郊外曰野者釋經野在郊外云果桃李之屬蓏瓜瓞之屬者案食貨志田中不得有樹以爲在樹曰果在地曰蓏不辨有核無核張晏以有核曰果無核曰蓏今鄭云果桃李之屬即是有核者也蓏瓜瓞之屬即是無核者也此從張晏之義

天官甸師

盡臣

乃分地域而辨其守施其職而平其政分地域謂建邦國造都鄙制鄉遂也辨其守謂衡虞之屬職謂九職也政稅也政當作征故書域爲邦杜子春云當爲域○政依注音征疏乃分至其故○釋曰小司徒佐大司徒主土地言分地域者謂建邦國之等各有營域遠近疆界辨其守者謂邦國都鄙之內所有山川使衡虞守之故云辨其守也施其職者謂施民者之職平其政者天下所有征稅皆均平之○注分地至爲域○釋曰鄭知分地域謂建邦國造都鄙制鄉遂者案大司徒職掌天下土地之圖周知人民之數小司徒佐之明分地域者亦普及天下也是以知分地域之中有畿外邦國畿內都鄙及六鄉六遂鄭雖不言公邑地域之中亦含有四等公邑可知云辨其守謂衡虞之屬者以其山林川澤皆使其地之民守之故其官川衡林衡山虞澤虞之官主當云職謂九職者此經皆論地事故知職是九職任萬民者也云政稅也者以其經文承九職之下而云平其政者即是平九職之稅故云政稅也但經云政教之政故云政當作征以爲征字也云故書域爲邦杜子春云讀爲域者故書云分地邦非其義意故子春還從域

小司徒分地域而辨其守施其職而平其政

曾傳

致戎于商牧【正義】紂近郊地名牧野是故先王非務武也勤恤民隱而除其害也夫先王之制邦內甸服邦外侯服侯衛賓服【集解】韋昭曰此總言之也侯侯圻衛衛圻也夷蠻要服戎翟荒服甸服者祭【集解】韋昭曰供日祭侯服者祀【集解】韋昭曰供月祀賓服者享【集解】韋昭曰供時享要服者貢【集解】韋昭曰供歲貢荒服者王【集解】韋昭曰王王事天子也詩曰莫敢不來王日祭月祀時享歲貢終王先王之順祀也【集解】徐廣曰外傳云先王之訓有不祭則修意【集解】韋昭曰先修志意以自責也畿內近知王意也有不祀則修言【集解】韋昭曰言號令也有不享則修文【集解】韋昭曰文典法也有不貢則修名【集解】韋昭曰名謂尊卑職貢之名號也有不王則修德【集解】韋昭曰遠人不服則修文德以來之序成而有不至則修刑【集解】韋昭曰序成謂上五者次序已成有不至則有刑罰也於是有刑不祭伐不祀征不享讓不貢告不王於是有刑罰之辟有攻伐之兵有征討之備有威讓之命有文告之辭布令陳辭而有不至則增

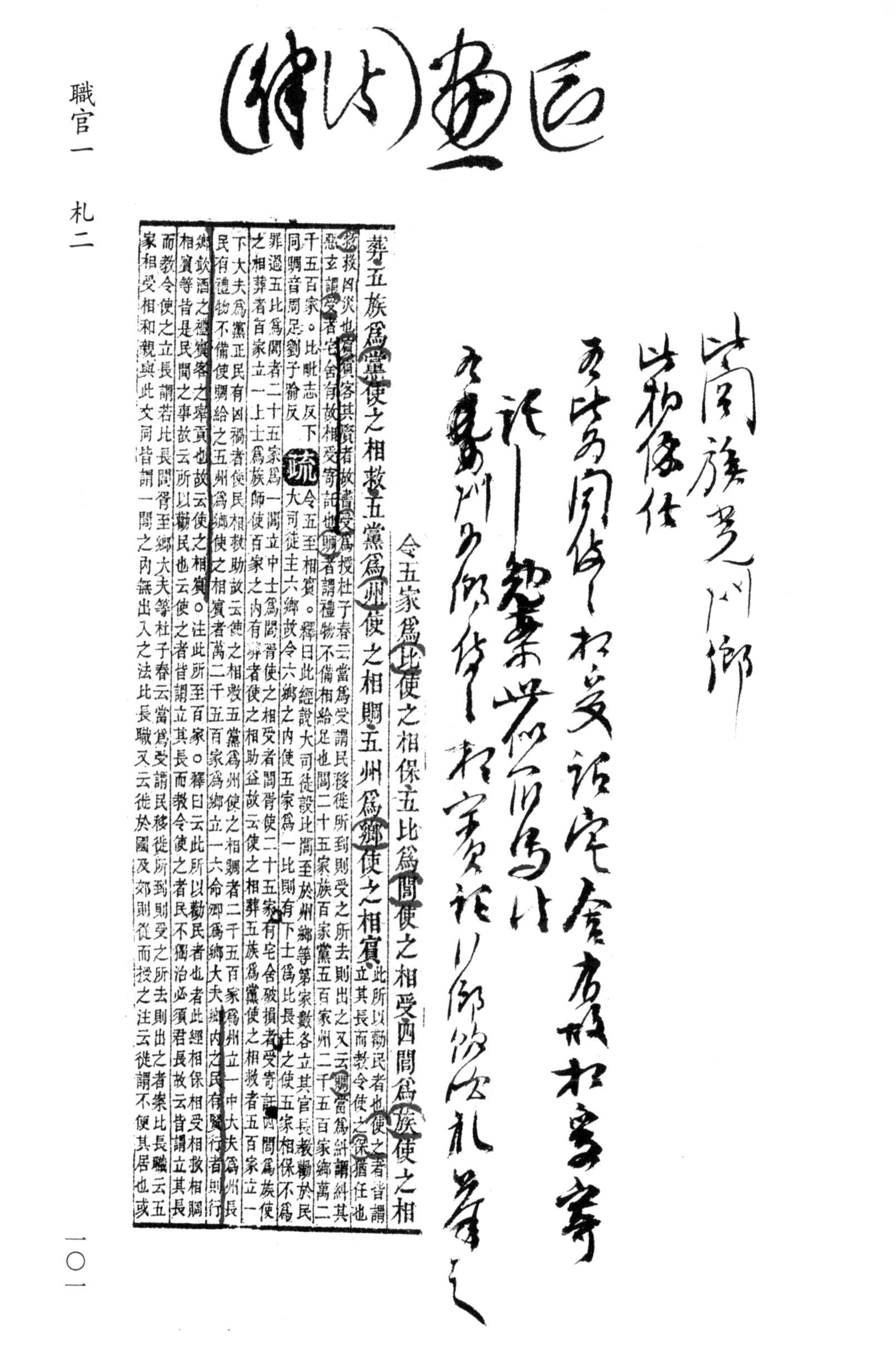

令五家爲比使之相保五比爲閭使之相受四閭爲族使之相葬五族爲黨使之相救五黨爲州使之相賙五州爲鄉使之相賓此所以勸民者也使之者皆謂立其長而教令使之保猶任也救救凶災也賓賓客其賢者故書受爲授杜子春云當爲受謂民移徙所到則受之所去則出之又云賙當爲糾謂糾其惡玄謂受者宅舍有故相受寄託也賙者謂禮物不備相給足也閭二十五家族百家黨五百家州二千五百家鄉萬二千五百家○比毗志反下同賙音周足劉子喻反

疏令五至相賓○釋曰此經說大司徒設比閭至於州鄉等第家數各立其官長教勸於民大司徒主六鄉故令六鄉之內使五家爲一比則有下士爲比長主之使五家相保不爲罪過五比爲閭者二十五家爲一閭立中士爲閭胥使之相受者閭胥使二十五家有宅舍破損者受寄託四閭爲族使之相葬者百家立一上士爲族師使百家之內有葬者使之相助益故云使之相葬五族爲黨使之相救者五百家立一下大夫爲黨正民有凶禍者使民相救助故云使之相救五黨爲州使之相賙者二千五百家爲州立一中大夫爲州長民有禮物不備使賙給之五州爲鄉使之相賓者萬二千五百家爲鄉立一六命卿爲鄉大夫鄉內之民有賢行者則行鄉飲酒之禮賓客之舉貢也故云使之相賓○注此所至百家○釋曰云此所以勸民者也者此經相保相受相救相賙相賓等皆是民間之事故云所以勸民也云使之者皆謂立其長而教令使之者民不獨治必須君長故云皆謂立其長而教令使之立長謂若比長閭胥至鄉大夫等杜子春云當爲受謂民移徙所到則受之所去則出之者案比長職云五家相受相和親與此文同皆謂一閭之內無出入之法比長職又云徙於國及郊則從而授之注云徙謂不便其居也或

國中之民出徙郊或郊民入徙國中彼是出鄉閭外與此閭內自相容受不同故後鄭易之以爲宅舍有故相受寄託解之子春又云賙當爲糾謂糾其惡後鄭不從者此一經相保相受之等皆是相勸爲善無相糾惡之事故後鄭存賙字謂禮物不備相給足解之云閭二十五家云云知之者案此經五家爲比五州爲鄉轉相增故其家數可知

周禮

其故對曰能用善人民之主也（謂授子產政○聚仕救反）○夏莒牟夷以牟婁及防茲來奔牟夷非卿而書

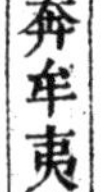

尊地也（尊重也重地故書以名其人終爲不義）莒人愬于晉（愬魯受牟夷○愬悉路反）

天子間田有大夫守之

十有二月癸酉朔日有食之是後晉人圍郊犯天子邑

監本春秋公羊注疏昭公卷二十四起二十三年盡三十二年

何休學

二十三年春王正月叔孫舍如晉○癸丑叔鞅卒○晉人執我行人叔孫舍○晉人圍郊

郊者何天子之邑也天子間田有大夫守之○間音閑 疏 叔孫舍者○解左氏穀梁作婼字○郊者何○解云欲言外邑文無所繫欲言魯邑而不言伐我故執不知問也曷爲不

繫于周不與伐天子也與侵柳同義 疏 注與侵柳同義解云即宣元年冬晉趙穿帥師侵柳傳曰柳者何天子之邑○也注云天子間田也有大夫守之晉與大夫忿爭侵之也曷爲不繫乎周

注云據王師敗績于貿戎繫王不與伐天子也注云絶正其義使若兩國自相伐今此圍郊亦然故曰與侵柳同義然則彼已有傳今復發之者正以侵圍異文故也且若不發傳無以知其伐天子○夏六月蔡侯

昭廿三

与祝

侯禳于畺及郊侯禳小祝職也畺五百里遠郊百里近郊五十里疏與祝至及郊○釋曰侯者候迎善祥禳者禳去殃氣故肆師與小祝爲此侯禳二事于畺及郊凡侯禳從內向外應先言郊後言畺令先言畺到言之者可遠則遠可近則近任當時之宜故到文以見義也○注侯禳至十里○釋曰知畺五百里者王畿千里中置國城面五百里故大司馬云方千里曰國畿也知遠郊百里者司馬法文知近郊五十里者案尚書君陳序云分正東郊成周鄭彼注云成周在近郊五十里案今河南洛陽相去則然以其漢法於王城置河南縣於成周置洛陽縣相去見五十里是近郊五十里故云東郊也

畺五百里遠郊百里近郊五十

侯—候迎善祥　禳—禳去災氣

# 歷書

鄉治

管子立政、小匡

內政寄軍令

孟子　公羊宣十五何注

儀禮鄉飲酒禮[illegible]目下[illegible]鄭目錄以[illegible]

鄉射禮[illegible]目下云今鄭目錄[illegible]

三老孝弟力田

日知錄卷八——鄉亭

[illegible]

周禮

[illegible]

蕃中一茈住院
軺庭一
新後

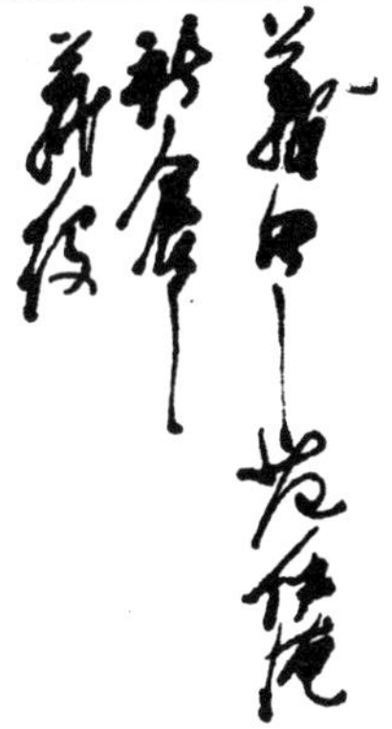

# 畫邑

周官言邑畫

王畿之郊甸之地　外此者皆以邑　家邑　小都　大都

另有别說詳后用

# 遍畫

見周友邠師此長 室宰 郡長 唐富杉及

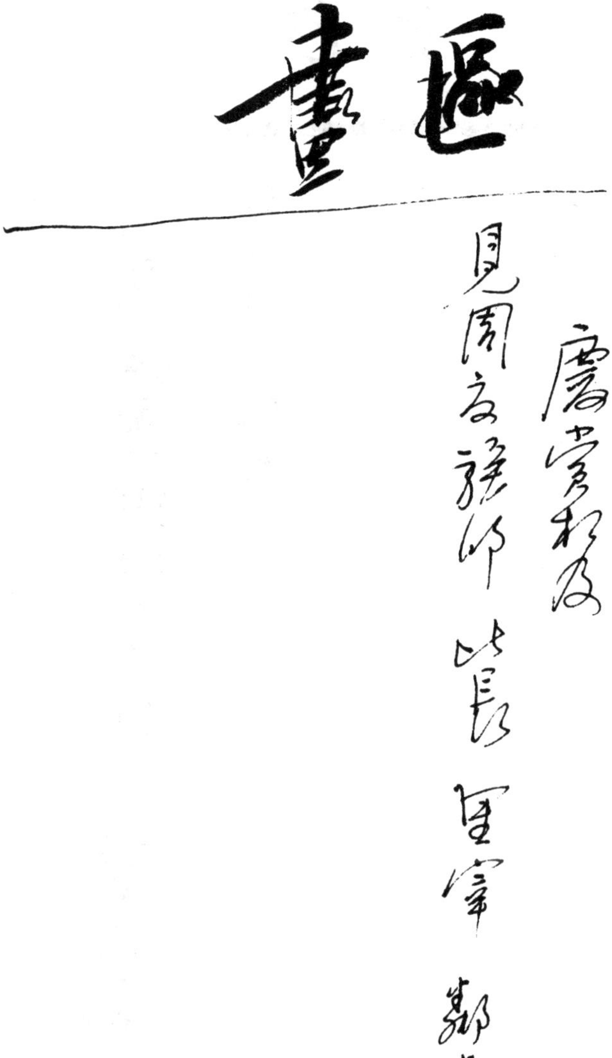

## 邑吏

凡仕者近宮不仕與耕者近門工賈近市

管子大匡篇

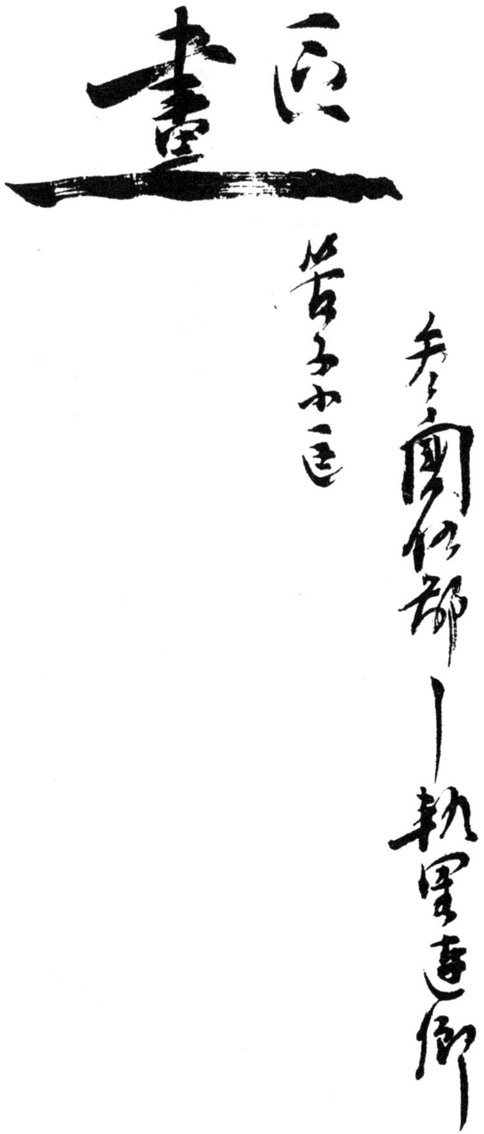

重臣

、お社

菊上けたるりしあ社三

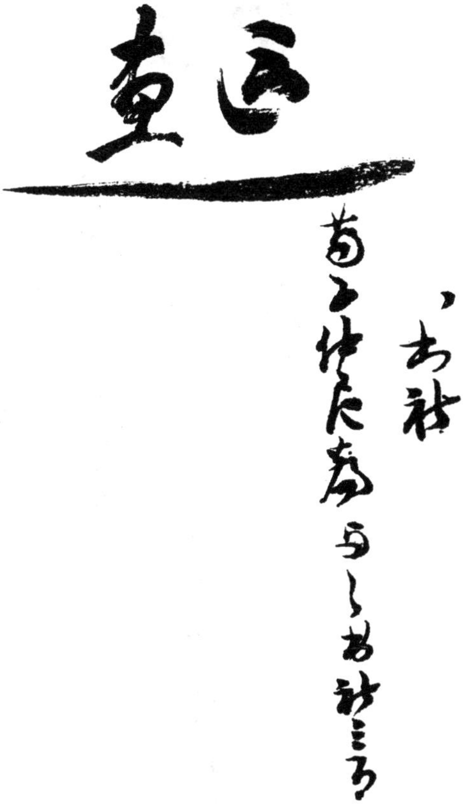

# 西巳

非其人

學皆通選黃帝歲圖、、、、闓之意、、內所以主宗

劇於瘕佐邑歷州司郎曲者焉當不得雲

人郄

圖書

陸開知十三歂一人口⋯⋯⋯

高足翠淫為

接些仕

等如為

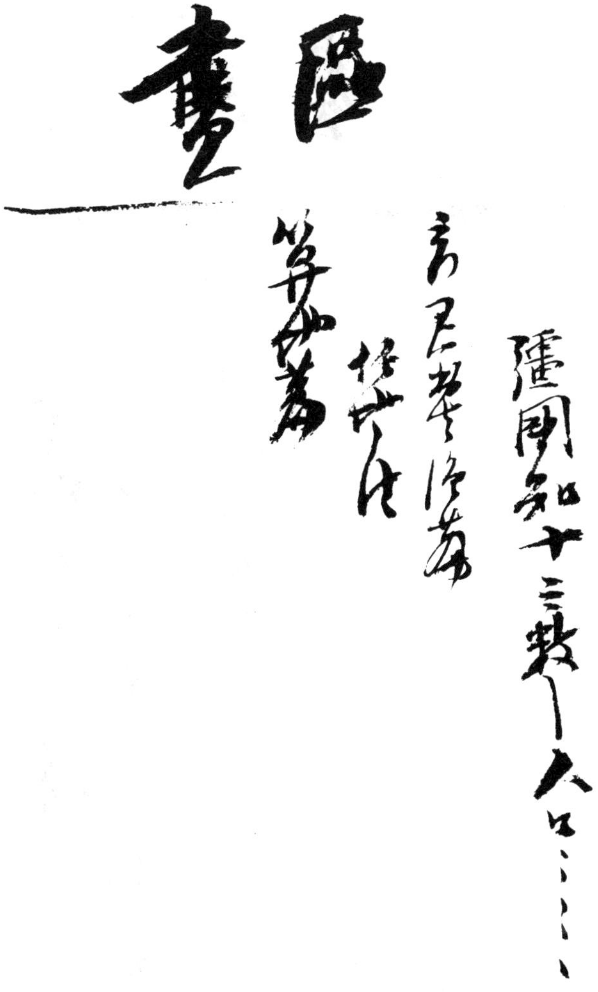

# 正書

大觀書行之律

唐人石[illegible]土三之書所[illegible]　拓三寶代

言天子律行篇

畫正

庶庫奢
郡河
貌

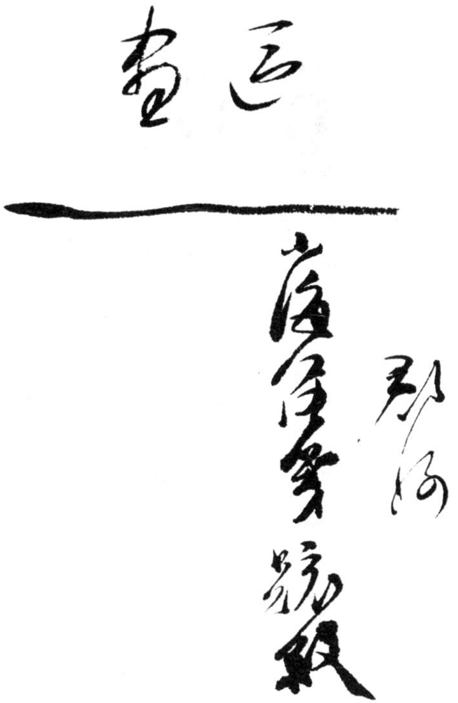

# 邑里

廛

穡相取禾三百廛　傳一夫之居　廛

傳種之至斂名。正義曰以稼穡相對皆先稼後穡故知種之曰稼斂之曰穡若散則相通大田云曾孫之稼非唯種之也湯誓曰舍我穡事非唯斂之也一夫之居曰廛謂一夫之田百畝也地官遂人云夫一廛田百畝司農云廛居也揚子云有田一廛謂百畝之居與此傳同也地官載師云市廛之征鄭司農云廛市中空地未有肆城中空地未有宅者也玄謂廛者若今云邑居里矣廛民居之區域也里居也以廛里任國中而遂人授民田夫一廛田百畝是廛不謂民之邑居在都城者與則鄭謂廛爲民之邑居不爲一夫之田者以廛者民居之名夫田與居宅同名爲廛但周礼言夫一廛復言田百畝百畝既是夫田故以廛爲居宅卽孟子云五畝之宅是也以載師連市言之故準遂人以廛爲邑居此言胡取禾三百廛取禾宜於田中故從傳一夫之居不易之

已畫

二十五家日呈

領伴子苦年隨役呈

付二十五家日呈

勉臣

市井

此賣歌舞於市而謂之市井者白虎通云因井爲市故曰市井應劭通俗云市恃也養贍老少恃以不匱也俗說市井謂至市者當於井上洗濯其物香潔及自嚴飾乃到市也謹案古者二十畝爲一井因爲市交易故稱市井然則由本井田之中交易爲市故國都之市亦因名市井案周制九夫爲井應劭二十畝爲井者劭依漢書食貨志一井八家家有私田百畝公田十畝餘二十畝以爲井竈廬舍據其交易之處在廬舍故言二十畝耳因井爲市或如劭言二

東門之枌序疏

重臣

一

詩善路炯

郭炯

郭□庚換

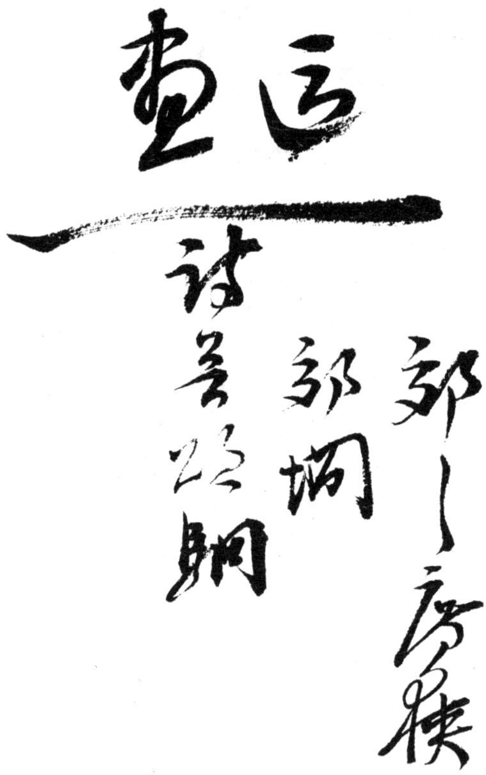

# 畫一

董‖齋
仰村孔（似孔十二）之參儀道（居儀堂之一西五步）
既堂齋也
然書仰堂（之堂）蓋一郎齋齋 仰之及于情之
詞也

# 郵

十三經注疏

儀禮十九　聘禮　四

及郊又展如初郊遠郊也周制天子畿內千里遠郊百里以此差之遠郊上公五十里侯伯三十里子男十里也近郊各半之

【疏】及郊至如初。注郊遠至半之。釋曰云周制天子畿內千里者周禮大司徒云制其畿方千里據周禮而言其自殷已上亦畿方千里商頌云邦畿千里唯民所止夏亦千里王制云天子縣內方千里鄭據夏時禹貢方千里曰甸服據唐虞畿內是也云遠郊百里者司馬法文畿方千里王城面五百里以百里爲遠郊若公百里中置國城面二百五十里故遠郊五十里自此已下至子男差之可知云近郊各半之者亦約周天子遠郊百里近郊五十里亦無正文尙書君陳序云命君陳分正東郊成周鄭注周之近郊五十里今河南洛陽相去則然鄭以目驗知之若然天子近郊半遠郊則諸侯近郊各半遠郊可知也

周天子畿以郊千里遠郊百里以此差之上公五十里侯伯卅里

子男十里也近郊各半之周[illegible]知之

夏殷亦畿亦千里

## 邑 畫 附軍役事

保〃縣邑小城
君子〃謀
士〃死
死君事國爲斂葬
執干戈衛社稷可無殤

戰于郎（郎魯近邑也哀十一年齊國書帥師伐我是也）公叔禺人遇負杖入保者息（遇見也見走辟齊師將入保罷倦加其杖頸上兩手掖之休息者保縣邑小城禺人昭公之子春秋傳曰公叔務人○禺音遇又音務注同辟音避罷音皮倦其卷反頸吉領反掖音亦）曰使之雖病也（謂時繇役○繇本亦作徭音遥）任之雖重也（謂時賦稅）君子不能爲謀也士弗能死也不可（君子謂卿大夫也魯政既惡復無謀臣士又不能死難禺人恥之○弗能弗亦作不爲于僞反下注國爲下爲懿同復扶又反下復射謂不復同難乃旦反）我則既言矣（欲敵齊師踐其言）與其鄰重汪踦往皆死焉（奔敵死齊寇鄰鄰里也重皆當爲童童未冠者之稱姓汪名踦鄰或爲談春秋傳曰童汪踦○重依注音童下同注烏黃反踦魚綺反冠古亂反）魯人欲勿殤重汪踦（見其死君事有士行欲以成人之喪治之言魯人者死君事國爲斂葬○行下孟反）問於仲尼仲尼曰能執干戈以衛社稷雖欲勿殤也不亦可乎（善之）

疏 戰于至可乎○正義曰此節論童子死難之事○戰于郎哀十一年齊伐魯魯與齊師戰于郎郎者魯之近邑也案哀十一年魯人公叔禺人逢遇國人走辟齊師兩手負杖於頸走入城保困而止息禺人見而言曰國以徭役使此人雖復病困國以賦稅責任人民雖復煩重若上能竭心盡力憂恤在下則無以負愧今君子

卿大夫不能爲謀士又不能致死是自全其身不愛民庶於理不可既嫌他不死欲自爲致死之事故云我則既言矣既已也云我則已言之矣乃踐其言於是與隣之童子姓汪名踦往赴齊師而死焉依禮童子爲殤魯人見其死寇欲以殤童汪踦意以爲疑問於仲尼仲尼韙之云汪踦能執干戈以衛社稷勿猶不也雖欲不以爲殤不亦可乎言其可爲不殤也○注郎魯至是也○正義曰案桓十年齊侯衛侯鄭伯來戰于郎公羊傳云郎者何吾近邑也哀十一年齊國書帥師伐我戰于郊是郊頭郎邑故知近也案春秋直云戰于郊知與此戰于郎爲一事者以其俱有童汪踦之事故爲一也○注禺人至務人○正義曰案哀十一年傳云公叔務人僮汪錡死昭公傳云昭公子公爲逐季氏公曰務人爲此禍務人則公爲也故云昭公子此作禺人者禺務聲相近聲轉字異也○注重皆當爲童○正義曰此云重汪踦下云重汪踦以重字有二故云皆當爲童以言魯人欲勿殤故從春秋爲童也注見其至斂葬○正義曰案喪服小功章大夫爲昆弟之長殤注云謂爲士者若不仕者也以此言之雖見爲士猶以殤服服之何以此云死君事有士行欲以成人之喪治之者喪服所論據尋常死者雖見爲士猶以殤服服之汪踦能致死於敵故以成人之喪治之云國爲斂葬者以其經稱魯人但指衆辭汪踦非是家無親屬但國家哀其死雖爲斂葬之

區畫

縣 楚縣大夫皆稱公

鄉 取一人焉以爲州

宣十一

因縣陳滅陳以爲

楚縣陳侯在晉靈公子成公午申叔時使於齊反復命而退王使讓之曰夏徵舒爲不道弒其君寡人以諸侯討而戮之諸侯縣公皆慶寡人楚縣大夫皆僭稱公。使所吏反僭子念反疏以諸侯討而戮之。正義曰經無諸侯而云以諸侯討之諸侯皆慶者時有楚之屬國從行也十二年𨛬之戰經不書唐而傳云唐侯爲左拒昭十七年長岸之戰經不書隨而傳言使隨人守舟明此時亦有諸侯但爲楚私屬不以告耳女獨不慶寡人何故對曰猶可辭乎王曰可哉曰夏徵舒弒其君其罪大矣討而戮之君之義也抑人亦有言曰牽牛以蹊人之田抑辭也蹊徑也。女音汝蹊音兮徑古定反而奪之牛牽牛以蹊者信有罪矣而奪之牛罰已重矣諸侯之從也曰討有罪也今縣陳貪其富也以討召諸侯而以貪歸之無乃不可乎王曰善哉吾未之聞也反之可乎對曰吾儕小人所謂取諸其懷而與之也叔時謙言小人意淺謂譬如取人物於其懷而還之爲愈於不還。儕士皆反輩也乃復封陳鄉取一人焉以歸謂之夏州州鄉屬示討夏氏所獲也。復扶又反夏戶雅反疏謂之夏州。正義曰謂之夏州者討夏氏鄉取一人以歸楚而成一州故謂之夏州

畫号

在田曰廬　在邑曰里

一里八十户

父老里正

公宰十五位

# 匠書

「畢生隆刻峰手一家收爲の家史之」傳第十九畢已同注

勉案：此則爲家者傳術居之特令文未言其何制匠書」

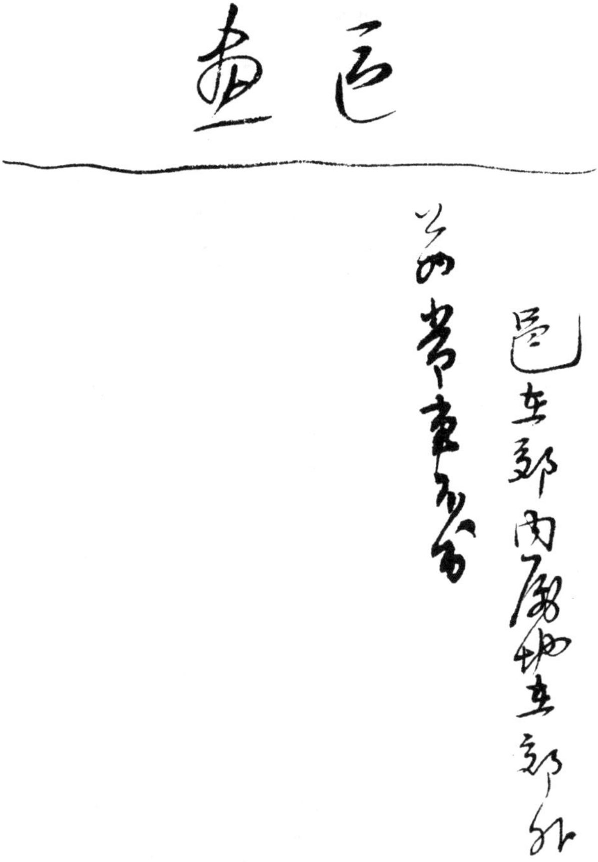

畫一

古者天子都畿千里其遠郊五十里

據之假設田何法

四井為邑，邑方二里

又田多邑，四移田為一縣邑

巨奠

反○冬十一月甲寅宋昭公將田孟諸未至夫人王姬使帥甸攻而殺之襄夫人周襄王姊故稱王姬帥甸郊甸之帥○甸徒近反疏注襄夫至之帥○正義曰周禮載師云以宅田士田賈田任近郊之地以官田牛田賞田牧田任遠郊之地以公邑之田任甸地以家邑之田任稍地以小都之田任縣地以大都之田任疆地凡任地近郊十一遠郊二十而三甸稍縣都皆無過十二彼從國都而出計遠近節級而別爲之名鄭玄引司馬法王國百里爲郊二百里爲州三百里爲野四百里爲縣五百里爲都諸侯之與天子竟雖不同亦當近國爲郊郊外爲甸天子之甸爲公邑之田則諸侯之甸亦公邑也帥甸者甸地之帥當是公邑之大夫也獨言帥甸無以相明故舉類言之云郊甸之帥其實正是甸地之帥非郊地之帥也蕩意諸死之不書不告

諸侯亦近國爲郊郊外爲甸

文十六

邑建

○邑外謂之郊郊外謂之牧牧外謂之野野外謂之林林外謂之坰邑國都也假令百里之國五十里之界界各十里也○坰古營切下溼曰隰大野曰平廣平曰原高平曰陸大陸曰阜大阜曰陵大陵曰阿可食者曰原可種穀給食陂者曰阪陂陀不平下者曰隰公羊傳曰下平曰隰田一歲曰菑今江東呼初耕地反草爲菑二歲曰新田詩曰于彼新田三歲曰畬易曰不菑畬○畬音予野

疏邑外至曰畬○釋曰此釋郊野之地遠近高下不同之名也云邑外謂之郊者邑國都也謂國都城之外名郊也云郊外謂之牧者言可放牧也書牧誓云王朝至于商郊牧野乃誓是也云牧外謂之野者言牧外之地名野詩傳云郊外曰野者以細別言之則郊外之地名牧牧外之地名野若大判而言則野者郊外通名故周禮六遂在遠郊之外遂人職云凡治野田是其郊外之地揔稱野也云野外謂之林者言野外之地名林以其去都邑遠薪采者少其地可長平林因名云也云林外謂之坰者言林外之地最爲遠野名坰魯頌云駉駉牡馬在坰之野毛傳云坰遠野是也○注邑國至里也○釋曰云邑國都也者案周禮四縣爲都四井爲邑春秋莊二十八年左氏傳曰凡邑有宗廟先君之主曰都無曰邑然則邑與都異此爲一者彼對文之例耳但都者聚居之處故詩小雅云彼都人士說文云邑國也是天子諸侯所居國城或謂之邑或謂之都故以國都解邑也云假令百里之國五十里之界界各十里也者以其百里之國國都在中去境五十里每十里而異其名則坰爲邊畔去國最遠故毛傳以爲遠野也此假令者據小國言之郊爲遠郊牧野林坰自郊外爲差耳然則郊之遠近計國境之廣狹以爲差也聘禮云賓及郊注云郊遠郊周制天子畿內千里遠郊百里以此差之遠郊上公五十里侯四十里伯三十里子二十里男十里也近郊各半之是鄭之所約也是以司馬法云王國百里爲遠郊又此經從邑之外止有五名明當每皆百里故知遠郊百里也知近郊半之者書序云周公既沒命君陳分正東郊成周於時周都王城而謂成周爲東郊則成周在其郊也於漢王城爲河南成周爲洛陽相去不容百里則所言郊者謂近郊故鄭注云天子近郊五十里今河南洛陽相去則然是鄭以河南洛陽約近郊之里數也周禮杜子春注云五十里爲近郊白虎通亦云近郊五十里遠郊百里是儒者相傳爲然也○下溼曰隰者謂地形卑下而水溼者李巡曰下溼謂土地窊下常沮洳名爲隰也云大野曰平者大野之澤一名平魯有大野是也云廣平曰原者謂澤之廣平者亦名原漢以平原爲郡名屬靑州云高平曰陸大陸曰阜大阜曰陵大陵曰阿者李巡曰高平謂土地豐正名爲陸土地高大名曰阜最大名爲陵陵之大者名阿詩大雅皇矣云無矢我陵我陵我阿是也此上七者或萊沛沮洳或險陷磽确雖不可種穀給食亦得其名也云可食曰原陂者曰阪下者曰隰此三者釋地形雖有高下不平皆可種穀給食高而可食者名原詩大雅云篤公劉于胥斯原是也陂陀不平而可食者名阪詩小雅正月云瞻彼阪田有菀其特是也下平而可食者名隰本作溼誤○注公羊傳曰下平曰隰○釋曰此昭元年傳文也案彼云晉荀吳帥師敗狄于太原此大鹵也曷爲謂之大原地物從中國邑人名從主人原者何上平曰原下平曰隰何休云分別之者地勢各有所生原宜粟隰宜麥當教民所宜因以制貢賦是也田一歲曰菑二歲曰新田三歲曰畬○釋曰此釋耕田年歲遠近名義不同之事也菑者災也畬和柔之意也孫炎云菑始災殺其草木也新田新成柔田也畬和也田舒緩也郭云今江東呼初耕地反草爲菑○注詩曰于彼新田○釋曰此小雅采芑篇文也案彼云薄言采芑于彼新田于此菑畝毛傳取此文爲說故引爲證也○注易曰不菑畬○釋曰此无妄六二爻辭也鄭注亦取此文故引以爲證也○野○釋曰此亦題上事也上自邑外謂之郊以下雖遠近高下其名不同野爲揔稱故題云野

其咎（騑子駟名。騑芳非反）。乃及楚平使王子伯駢告于晉（伯駢鄭大夫。駢扶賢反又扶經反）曰君命敝邑脩而車賦儆而師徒以討亂略蔡人不從敝邑之人不敢寧處悉索敝賦（索盡也。儆居領反索悉各反注同一音所百反）以討于蔡獲司馬燮獻于邢丘今楚來討曰女何故稱兵于蔡（稱舉也。女音汝）焚我郊保（郭外曰郊保守也）馮陵我城郭（馮迫也。馮皮冰反注同）敝邑之衆夫婦男女不遑啓處以相救也（遑暇也啓跪也。跪其委反）疏注遑暇也啓跪也。正義曰皆釋言文也舍人曰閒暇無事也李巡曰啓小跪也翦焉傾覆無所控告（翦盡也控引也。覆芳服反控苦貢反）民死亡者非其父兄即其子弟夫人愁痛（夫人猶人人也。夫音扶注同）不知所庇民知窮困而受盟于楚孤也與其二三臣不能禁止（孤鄭伯）不

襄八

壹匹

齊人有一妻一妾而處室者其良人出則必饜酒肉而後反其妻問所與飲食者則盡富貴也（良人夫也盡富貴者夫詐言其姓名也）其妻告其妾曰良人出則必饜酒肉而後反問其與飲食者盡富貴也而未嘗有顯者來吾將瞷良人之所之也（妻疑其詐故欲視其所之）蚤起施從良人之所之徧國中無與立談者卒之東郭墦間之祭者乞其餘不足又顧而之他此其為饜足之道也（施者邪施而行不欲使良人覺也墦間郭外冢間也乞其祭者所餘酒肉也）其妻歸告其妾曰良人者所仰望而終身也今若此與其妾訕其良人而相泣於中庭（妻妾於中庭悲傷其良人相對涕泣而謗毀之）而良人未之知也施施從外來驕其妻妾（施施猶扁扁喜悅之貌以為妻妾不知如故驕之也）由君子觀之則人之所以求富貴利達者其妻妾不羞也而不相泣者幾希矣（由用也用君子之道觀之今求）

（者是知為齊人）

○是月也命四監大合百縣之秩芻以養犧牲令民無不咸出其力四監主山林川澤之官百縣鄉遂之屬地有山林川澤者也秩常也百縣給國養犧牲之芻多少有常民皆當出力爲艾之今月令四爲田○爲艾于僞反下文爲民注爲求福爲其同以共皇天上帝名山大川四方之神以祠宗廟社稷之靈以爲民祈福牲以供祠神靈爲民求福明使民艾芻是不虛取也皇天北辰耀魄寶冬至所祭於圜丘也上帝大微五帝○共音恭

**疏**命四至祈福○正義曰以四監合其秩芻以共皇天上帝其事既大又異於上故言是月自命婦官至等給之度論黼黻文章給郊廟祭祀之服事異於上帝養犧牲故言是月自樹木方盛至則有天殃論禁斷餘事助時生養亦事異於上故言是月自土潤溽暑至土疆論上暑下潤糞地爲宜事異於上故復言是月○注四監至爲田○正義曰按周禮有山虞澤虞林衡川衡之官秩芻出於山林又季冬云乃命四監收秩薪柴薪柴亦出於山林川澤云百縣鄉遂之屬地有山林川澤者知百縣非諸侯而云鄉遂之屬以其取芻養牲不可大遠故知是畿內鄉遂仲夏云乃命百縣雩祀百辟卿士者兼外內諸侯也此云鄉遂之屬者不兼公卿大夫之采邑秩常釋詁文云今月令四爲田者令田監大合秩芻義亦通也○注爲民至五帝○正義曰爲民求福者雖是尋常事神因事神之時爲民祈福云是不虛取者若不爲祈福復使民艾芻是在上虛取民力今還祈福與民民皆蒙福是不虛取民力役使之也云上帝大微五帝者按周禮司服云昊天上帝鄭以爲昊天上帝祇是一神北極耀魄寶也知此皇天上帝不祇是耀魄寶之上帝爲大微者以周禮司服云祀昊天上帝大裘而冕祀五帝亦如之既別云五帝故知昊天上帝亦唯一神此月令皇天上帝之下更無別五帝之文故分爲二

已書於文甘述

齊侯曰自莒疆以西請致千社二十五家爲社千社二萬五千家欲以給公○疆居良反 疏 注二十五家爲社 正義曰禮有里社郊特牲稱唯爲社事單出里以二十五家爲里故知二十五家爲社也 以待君命待君伐季氏之命 寡人將帥敝賦以從執事唯命是聽君之憂寡人之憂也公喜子家子曰天祿不再天若胙君不過周公以魯足矣失魯而以千社爲臣誰與之立爲齊臣○胙才路反 疏 天祿至之位○正義曰天之福祿不可再謂得齊千社復得魯國也胙報也天若報君終不得過於周公周公止封魯以魯封君足矣若既得魯國又得千社則是過周公矣周公理不可過得齊千社失魯國也既失魯國而以千社爲臣於齊誰復與之立也言從君之人皆將棄君去矣 且齊君無信不如早之晉弗從臧昭伯率

臣畫去事



陳成子館客（使景伯子贛就館）曰寡君使恒告曰寡君願事君如事衛君（言衛與齊同好而魯未肯○好呼報反）景伯揖子贛而進之對曰寡君之願也昔晉人伐衛（在定八作）齊爲衛故伐晉冠氏喪車五百（在定九年冠氏陽平館陶縣○冠如字又古喚反）因與衛地自濟以西禚媚杏以南書社五百（二十五家爲一社籍書而致之○濟子禮反禚諸若反）吳人加敝邑以亂（在八年）齊因其病取讙與闡（亦在八年）寡君是以寒心若得視衛君之事君也則固所願也成子病之乃歸成（病其言也）公孫宿以其兵甲入于嬴（嬴齊邑○嬴音盈）

# 重臣

讖

容氣不甚通伴圖讖為通，抑讖、傳讖、言內也。臣又以為言讖、

比擬限之爲，始圖刻乃讖及王讖中星皆期限之文也。

林之廿傳也，讖期也……

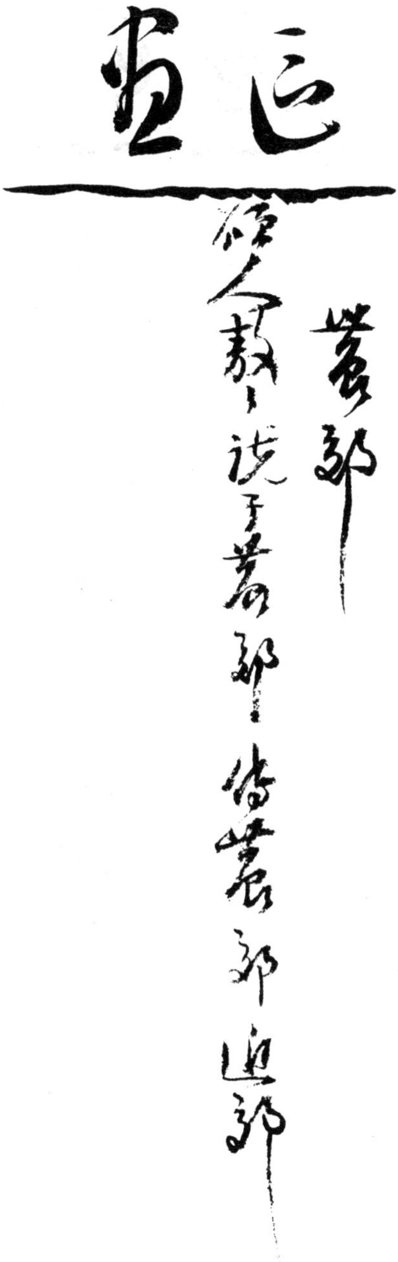

# 書目

九歌 九辯

周書障一方篇——周友

亦是分命使各爲其所職之事典田之官各有所掌

乃分地職奠地守制地貢而頒職事焉以爲地灋而待政令分地職分其九職所宜也定地守謂衡麓虞候之屬制地貢謂九職所稅也頒職事者分命使各爲其所職之事○奠劉音定【疏】注分地至之事○釋曰分地職分其九職所宜也者上經既授上中下地此經云分地職故知分地職者是分九職所宜九職則大宰云一曰三農生九穀是也所宜謂若孝經注高田宜黍稷下田宜稻麥之類是也云定地守謂衡麓虞候之屬者案昭二十年左氏傳晏子云山林之木衡麓守之澤之萑蒲舟鮫守之藪之薪蒸虞候守之海之鹽蜃祈望守之注云衡麓舟鮫虞候祈望皆官名也守之令民不得取之不共利時景公設此守以致疾故晏子所非非其不與民同鄭引之者以正地守之官若然此地官唯有衡虞無舟鮫祈望者此周禮舉其大綱左氏言其細別故詳略不同云制地貢謂九職所稅也者此地貢文承地職之下明非諸侯地貢是其九職任之九稅斂之若三農生九穀則稅九穀園圃毓草木則稅草木之類是也云頒職事者分命使各爲其所職之事者分命之言案尚書堯典分命羲仲宅嵎夷申命羲叔宅南郊分命和仲宅西曰昧谷申命和叔宅朔方此間頒職事

# 都邑

國策（一）1下（五）2上（十六）6上（22）2上

（卅）4下（卅七）4上（卅二）3下

[illegible]

正書

片平一左、
日誌六の上

周之

實録坊 石經堂

周記六·本上

# 國界

# 關界

赦叔孫諸侯其誰不欣焉望楚而歸之視遠如邇疆埸之邑一彼一此何常之有言今衰世疆埸無定主○疆居良反注及下至莒之疆事同埸音亦注同王伯之令也言三王五伯有令德時疏注言三王至德時○正義曰以傳言王伯故言三王下云虞有三苗則帝時亦有非獨三王也但王亦帝也故傳通言其王耳引其封疆引正也正封界而樹之官樹立也立官以守國舉之表旗旌旗以表貴賤○旗音其疏舉之表旗○正義曰舉立也為立表貴賤之旌旗也故杜云旌旗以表貴賤而著之制令為諸侯伯制度法令使不得相侵犯過則有刑猶不可壹於是乎虞有三苗三苗饕餮放三危者○饕吐刀反餮吐結反夏有觀扈觀國今頓丘衛縣扈在始平鄠縣書序曰啟與有扈戰于甘之野○夏戶雅反觀音館舊音官扈音戶鄠音于商有姺邳二國商諸侯邳今下邳縣○姺西典反又西禮反邳皮悲反周有徐奄二國皆嬴姓書序曰成王伐淮夷遂踐奄徐即淮夷○嬴音盈自無令王諸侯逐進逐猶競也狎主齊盟其又可壹乎疆埸無常故更主盟○狎戶甲反更音庚恤大舍小足以為盟主大謂篡弒滅亡之禍又焉用之焉用治小事○焉於虔反注同封疆之削何國蔑有主齊盟者誰能辯焉也辯治疏注二國至淮夷○正義曰二國皆嬴姓世本文也書序曰成王伐淮夷遂踐奄淮夷與奄同時伐之此徐奄連文故以為徐即淮夷賈逵亦然是相傳說也服虔云一曰魯公所伐徐戎也案費誓云淮夷徐戎並興孔安國云淮浦之夷徐州之戎並起為寇則徐亦非國名此徐是國名當謂淮浦之夷其國名徐書序舉其大號此傳言其國名也僖公時楚人伐徐杜云下邳僮縣東南有大徐城彼近淮旁成王時徐蓋亦在彼地也此傳所云四代有罪之國其三苗與有扈徐奄尚書略有其事其觀與姺邳則史傳無文傳言王伯之令猶尚有此輩則此輩皆是王道盛明時諸侯也○封疆至辯焉○正義曰言封疆之相侵削何國無有此乃常事主領齊盟者誰能一一治之吳濮有釁楚之執事豈其顧盟吳在東濮在南今建寧郡南有濮夷釁過也○濮音卜釁許靳反莒之疆事楚勿與知諸侯無煩不亦可乎莒魯爭鄆為日久矣苟無大害於其社稷可無亢也亢禦○與音預亢苦浪反徐又音剛禦魚呂反去煩宥善

昭元

疆埸一彼一此何常之有　王伯之令引其封疆著之制令猶不可壹　主齊盟者誰能辯焉

越竟有山

敢遂其所志託辭班師失宋之心孤諸侯之望所以致敗也○秋九月乙丑晉趙盾弒其君夷皋靈公不君而稱臣以弒者以示良史之法深責執政之臣例在四年○皐古刀反疏注靈公至四年○正義曰釋例曰經書趙盾弒君而傳云靈公不君又以明於例此弒宜稱君也弒非趙盾而經不變文者以示良史之意深責執政之臣傳故特見仲尼曰越竟乃免明盾亦應受罪也雖原其本心而春秋不赦其罪蓋爲教之遠防○冬十月乙亥天王崩無傳

宣二

乙丑趙穿攻靈公於桃園穿趙

宣二

盾之從父昆弟子乙丑九月二十七日○攻如字本或作弒疏注穿趙至弟子○正義曰晉語云趙衰趙夙之弟世族譜盾是衰子穿是夙孫是穿爲盾之從父昆弟之子也世本夙爲衰祖穿爲夙之曾孫世本轉寫多誤其本未必然也宣子未出山而復晉竟之山也盾出奔聞公弒而還○竟音境下文注同弒申志反大史書曰趙盾弒其君以示於朝宣子曰不然對曰子爲正卿亡不越竟反不討賊非子而誰宣子曰烏呼我之懷矣自詒伊慼其我之謂矣逸詩也言人多所懷戀則自遺憂○大音泰○孔子曰董狐古之良史也書法不隱不隱盾之罪○趙宣子古之良大夫也爲法受惡善其爲法受屈○爲于僞反注同惜也越竟乃免越竟則君臣之義絕可以不討賊○疏注越竟至討賊○正義曰哀八年傳公山不狃云君子違不適讎國未臣而有伐之奔命焉死之可也注云未臣所適之國則可還奔命死其難如彼傳文雖則出奔臣義未絕此注云越竟則君臣之義絕者以仲尼云越竟乃免出竟則免責明其義已絕也襄三十年鄭人殺良霄傳曰不稱大夫言自外入也去國不稱大夫是爲義絕之驗且受君之命乃得爲臣今君欲殺已逃奔他國君之於臣既已絕矣臣之於君詎無絕乎董狐云子爲正卿反不討賊明其威足討賊卿位猶在故責之耳我以君寵得爲國卿仗君之威故羣下用命亦既失位出奔國人不復畏我國內自有賊亂非我所能禁之故越竟得免由義絕故也不狃之言謂已以他故出奔非是君欲殺已閔其宗國宜還救之昭二十一年宋公子城以晉師救宋是其事也襄二十七年傳曰崔氏之亂申鮮虞來奔僕賃於野以喪莊公彼是公之寵臣去國而行君服豈復責無罪而將見殺逃竄而行免死者皆令反服君乎禮檀弓曰穆公問於子思曰爲舊君反服古與子思曰古之君子進人以禮退人以禮故有舊君反服之禮也今之君子進人若將加諸膝退人若將隊諸淵毋爲戎首不亦善乎又何反服之禮之有是言去國雖同本情有異不可以一槩論也

宣二

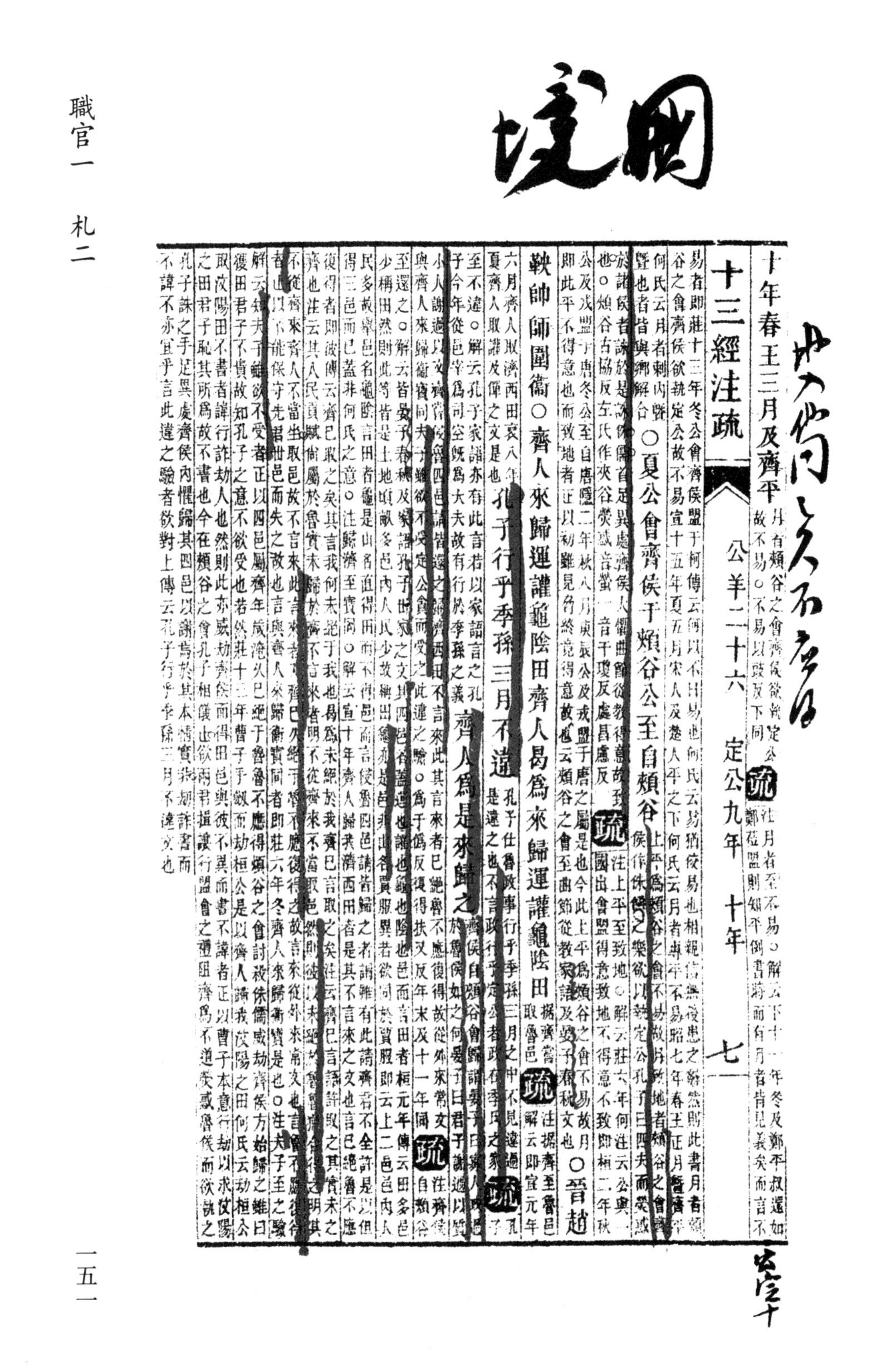

十年春王三月及齊平月有頰谷之會齊侯欲執定公故不易○不易以豉反下同疏注月者至不易○解云下十一年冬及鄭平叔還如鄭莅盟則知平例書時而有月者皆見義矣而言不



易者即莊十三年冬公會齊侯盟于柯傳云何以不日易也何氏云易猶佼易也相親信無後患之辭然則此書月者頰谷之會齊侯欲執定公故不易宣十五年夏五月宋人及楚人平之下何氏云月者專平不易昭七年春王正月暨齊平何氏云月者剌內暨暨也者皆與鄉解合○夏公會齊侯于頰谷公至自頰谷上平為頰谷之會不易故以致地者頰谷之會齊侯作侏儒之樂欲以執定公孔子曰匹夫而熒惑於諸侯者誅於是誅侏儒首足異處齊侯大懼曲節從教得意故致也○頰谷古協反左氏作夾谷熒惑音螢一音于瓊反處昌慮反疏注上平至致地○解云莊六年何注云公與一國出會盟得意致地不得意不致即桓二年秋公及戎盟于唐冬公至自唐隱二年秋八月庚辰公及戎盟于唐之屬是也今此上平為頰谷之會不易故月即此平不得意也而致地者正以初雖見脅終竟得意故也云頰谷之會至曲節從教家語及晏子春秋文也○晉趙鞅帥師圍衛○齊人來歸運讙龜陰田齊人曷為來歸運讙龜陰田據齊嘗取魯邑疏注據齊至魯邑○解云即宣元年六月齊人取濟西田哀八年夏齊人取讙及僤之文是也孔子行乎季孫三月不違孔子仕魯政事行乎季孫三月之中不見違過是違之也不言政行乎定公者政在季氏之家疏孔子至不違○解云孔子家語亦有此言若以家語言之孔子今年從邑宰為司空既為大夫故有行於季孫之義齊人為是來歸之齊侯自頰谷會歸謂晏子曰寡人獲過於魯侯如之何晏子曰君子謝過以質小人謝過以文齊侯於是歸魯四邑請皆還之歸濟西田不言來此其言來者已絕魯不應復得故從外來常文與齊人來歸衛寶同夫子雖欲不受定公貪而受之此違之驗○為于偽反復得扶又反年末及十一年同疏注齊侯自頰谷至還之○解云皆晏子春秋及家語孔子世家之文其四邑者蓋運也讙也龜也陰也邑而言田者桓元年傳云田多邑少稱田然則此等皆是土地頃畝多邑內人民少故稱田龜亦是邑非山名賈服異若欲同於賈服即云上二邑邑內人民多故舉邑名龜陰言田者龜是山名直得田而不得邑而言使魯四邑請皆歸之者謂雖有此請齊君不全許是以但得三邑而已蓋非何氏之意○注歸濟至寶同○解云宣十年齊人歸我濟西田者是其不言來之文也言已絕魯不應復得者即彼傳云齊已取之矣其言我何未絕于我也曷為未絕於我齊已言取之矣注云齊已言語許取之其實未之齊也注云其人民貢賦尚屬於魯實未歸於齊不言來者明不從齊來不當坐取邑然則彼以未絕於魯不應復得之明其不從齊來齊人不當坐取邑故不言來此言來者齊已絕于魯不應復得之故言來從外來常文也言魯不應復得者也以不能保守先君世邑而失之故也言與齊人來歸衛寶同者即莊六年冬齊人來歸衛寶是也○注夫子至之驗解云知夫子雖欲不受者正以四邑屬齊年歲淹久已絕于魯魯不應得頰谷之會討殺侏儒威劫齊侯方始歸之雖曰獲田君子不貴故知孔子之意不欲受也若然莊十三年曹子手劔而劫桓公是以齊人歸我汶陽之田何氏云劫桓公取汶陽田不書者諱行詐劫人也然則此亦威劫齊侯而得田邑與彼不異而書不諱者正以曹子本意行劫以求汶陽之田君子恥其所為故不書也今在頰谷之會孔子相儀也欲兩君揖讓行盟會之禮由齊為不道熒惑魯侯而欲執之孔子誅之手足異處齊侯內懼歸其四邑以謝焉於其本情實非劫詐書而不諱不亦宜乎言此違之驗者欲對上傳云孔子行乎季孫三月不違文也

[illegible]

帥師[illegible]田

氏故云篡重不嫌本不當氏也○叔弓帥師疆運田疆運田者何與莒爲竟也疆竟也與莒是正竟界若言城中丘○疆運居良反下同疏疆運田者何解云欲言正界而經書帥師欲言侵伐而道疆運故執不知問○與莒爲竟也○解云若言與莒人造作竟界○注若言城中丘○解云隱七年夏城中丘傳云何以書以重書也何氏云以功重故書當稍稍補完之至令大崩弛壞敗然後發衆城之很苦百姓空虛國家故言城明其功重與始作無異則彼若稍稍補完則輕而不書至於功重故書而譏之今此魯若往前之時少侵那正則輕而不書至於大損而與師發衆乃書正之明其功重與始取無異故若城中丘與莒爲竟則曷爲帥師而往據非侵伐畏莒也畏莒有賊臣亂子而興師與之正竟恐微弱失操損百姓疏注畏莒至百姓○解云襄三十一年莒人弒其君密州是爲賊臣而二子爭篡是爲亂子魯人見其賊亂恐其轉侵是以興兵與之正竟賊亂之人自救無暇焉能轉侵乎故云微弱失操損百姓也

公昭元

# 境內

隨水爲界

取邾婁田自漷水其言自漷水何據齊人取濟西田不言自濟水○漷火虢反徐音郭取濟子禮反下同疏注據齊人至濟水○解云即宣元年夏六月齊人取濟西田是也以漷爲竟也何言乎以漷爲竟據取邑未嘗道竟界漷移也魯本與邾婁以漷爲竟漷移入邾婁界魯隨而有之諸侯土地本有度數不得隨水臨水有之當坐取邑故云爾○疏漷移也○解云漷移而經不書者外異故也然則傳每言外異不書者亦据此文也○季孫宿如晉○葬曹成公○夏衞孫林父帥

田界

委曲隨水取田

○取邾田自漷水以漷水爲界○漷水火虢反又音郭水名軏辭也軏委曲隨漷水言取邾田之多○軏於八反疏軏辭也○釋曰公羊以爲漷水移入邾界魯隨而有之今云軏辭者軏謂委曲經言自漷水者委曲之辭也一解軏辭者軏謂委曲言取邾田委曲隨漷水爲界之辭言其多也其不日惡盟也○惡烏路反疏其不日惡盟也釋曰謂執君取地○季孫宿如晉○葬曹成公○夏衞孫林父帥師伐齊

十九

穀梁

則刑人所止不常厥居若故出奔任其所願由此之故不合繫國既不繫國則君臣義盡是以春秋去君父以見之其殺蔡侯者由未加刑而亦不言其君者方當刑放故與刑人同義也○戍鄭虎牢孰戍之諸侯戍之曷爲不言諸侯戍之離至不可得而序故言我也剌諸侯既取虎牢以爲蕃蔽不能雜然同心安附之○爲蕃方元反

疏戍鄭虎牢云云○解云五年陳戍之下已有傳而復發者蓋嫌國邑不同故也注既取虎牢者即二年冬遂城虎牢傳云虎牢者何鄭之邑也其言城之何取之也取之曷爲不言取之爲中國諱也曷爲爲中國諱諱伐喪也是也

諸侯已取之矣曷爲繫之鄭據莒牟夷以牟婁來奔本杞之邑不繫于杞疏注據莒至于杞○解云即昭五年莒牟夷以牟婁及防茲來奔是也云本杞之邑即隱四年二月莒入伐杞取牟婁是也諸侯莫之主有故反繫之鄭諸侯本無利虎牢之心欲共以距楚爾無主有之者故不當坐取邑故反繫之鄭見其意也所以見之者上諱伐喪不言取今剌戍之舒緩嫌於義反故正之云爾○諸侯莫之主有絕句見其賢徧反下同疏注所以見之者○解云上諱伐喪不言取者即二年冬遂城虎牢傳云云是也不言取諱之似不合取既不合取戍之舒緩即不合剌而今剌之義似違是以春秋繫之於鄭見無主有明欲拒楚實無貪利即諸侯取之不合罪坐也故云不當坐取邑耳○楚公子貞帥師救鄭○公至自伐鄭

境閾

○叔弓帥師疆鄆田疆之爲言猶竟也爲之境界○去起呂反竟音境疏叔弓至鄆田○釋曰鄆是魯邑所以帥師者公羊以爲與莒接竟故帥師是畏莒故以師正其界○葬邾悼公○冬十有一月己酉楚子卷卒○卷音權左氏作麇○楚公子比出奔晉

培始

之

都邑

宗疆

驪姬嬖欲立其子賂外嬖梁五與東關嬖五（姓梁名五在閨闥之外者東關嬖五別在關塞者亦名五皆大夫爲獻公所嬖幸視聽外事○卓㓸角反闥音土闥吐達反塞素代反）使言於公曰曲沃君之宗也（曲沃桓叔所封先君宗廟所在）蒲與二屈君之疆也（蒲今平陽蒲子縣二屈今平陽北屈縣或云二當爲北○屈勿反一音居勿反疆居良反下同）不可以無主宗邑無主則民不威疆埸無主則啓戎心戎之生心民慢其政國之患也若使大子主曲沃而重耳夷吾主蒲與屈則可以威民而懼戎且旌君伐（旌章也伐功也○埸音亦）使俱曰狄之廣莫於晉爲都晉之啓土不亦宜乎（廣莫狄地之曠絕也即謂蒲與北屈也言遣二公子出都之則晉方當大開土界獻公未決故復使二五俱說此美○復扶又反）晉侯說之夏使大子居曲沃重耳居蒲城夷吾居屈羣公子皆鄙（鄙邊邑○說音悅）唯二姬之子在絳二五卒與驪姬譖羣公子而立奚齊晉人謂之二耦（二耜相耦廣一尺共起一伐言二人俱共墾傷晉室若此○譖責鴆反耜音似廣古曠反墾苦很反）

當經

古文の

經以成學

——劉歆代經學作舟

矜憐撫掩之也○釋曰撫掩猶撫拍謂慰卹也小雅鴻雁云爰及矜人

緎羔裘之縫也縫飾羔皮之名○緎柀縫逢

疏緎羔裘之縫也○釋曰召南羔裘云羔羊之革素絲五緎故此解之也孫炎云緎之

在界緎絲則縫合羔羊皮為裘縫即皮之界緎因名裘縫為緎故郭云縫飾羔皮之名

殿屎呻也呻吟之聲○殿丁練切屎音希

疏殿屎呻也○釋曰大雅板云民之方殿屎毛傳云殿屎呻吟也是用此為說郭云呻

田竟

鄆田東居

師伐邾

二年春王二月季孫斯叔孫州仇仲孫何忌帥師伐邾取漷東田○漷東未盡也及沂西田

沂西未盡也漷沂皆水名邵曰以其言東西則知其未盡也○漷東火號反又音郭沂魚依反　癸巳叔孫州仇仲孫何忌及邾子盟于句繹

十三經注疏　穀梁二十　哀公元年　二年　三

句繹邾地○句古侯反繹音亦　三人伐而二人盟何也各盟其得也季孫不得田故不與盟○不與音豫○夏四月丙子衛侯元卒

哀公二

拘系

會于溴梁[順河東行故曰下。溴古闃反守手又反]命歸侵田[諸侯相侵取之田。]以我故執邾宣公莒犂比公[犂比莒子號也十二年十四年莒人侵魯前年邾人伐魯晉將爲魯討之悼公卒不克會故平公終其事。犂徐力私反一音力兮反比音毗注同爲于僞反下文爲夷同]且曰通齊楚之使[邾莒在齊楚往來道中故并以此責之經書執在大夫盟下既盟而後告。使所吏反。]

襄十六

# 國境

國之垂爲宇

鄰國之難不可虞也或多難以固其國啓其疆土或無難以喪其國失其守宇於國則四垂爲宇○疆居良反喪息浪反下同【疏】注於國至爲宇○正義曰易稱上棟下宇宇謂屋簷也於屋則簷邊爲宇也於國則四垂爲宇也四垂謂四竟邊垂若何虞難齊有仲孫之難而獲桓公至今賴之仲孫公孫無知事在莊九年晉有里丕之難而獲文公是以爲盟主里克丕鄭事在僖九年○丕普悲反衛邢無難敵亦喪之閔二年狄滅衛僖二十五年衛滅邢○邢音刑故人之難不可虞也恃此三者而不脩政德亡於不暇又何能濟

昭四

# 臺劄

威判司疆田

副解菜

右襄六高居崔椿定蒼　注定其疆界

勉索癖滅菜分事乙

八年昔人代我東鄰以疆鄰田　注昔改滅鄰魯侵昔而界埒代魯東鄰以亡失

封

恒

勉索時鄰分魯

境閾

三月吳伐我子洩率故道險從武城洩由險道欲使魯成備。子洩率絕何故道險絕句初武城人或有因於吳竟田焉僑田吳界。竟音境僑其驕反拘鄫人之漚菅者曰何故使吾水滋鄫人亦僑田吳滋濁也。拘音俱下同漚烏豆反菅古顏反滋音玆本亦作茲子絲反字林云黑也及吳師至拘者道之以伐武城克之鄫人教吳必可克。道音導王犯嘗爲之宰澹臺子羽之父好焉國人懼王犯吳大夫故嘗奔魯爲武城宰澹臺子羽武城人孔子弟子也其父與王犯相善國人懼其爲內應。澹待甘反應應對之應疏及吳至人懼。正義曰杜意拘者道之以伐武城克之謂語吳人云若伐武城必可克之吳人王犯嘗爲武城之宰與澹臺子羽之父相善國人懼者謂武城邑懼子羽爲吳內應劉炫以爲實克武城今知非者以下傳始云王犯嘗爲之宰國人懼是未得武城故知此克之是鄫人教吳之語劉以爲伐武城克之者實克武城國人懼者懼其害魯若然吳師既來伐魯是顯然行兵不須云王犯與子羽之父相善魯已受害何須云國人始懼傳既云王犯嘗爲之宰文繼武城之下是爲武城之宰澹臺子羽又是武城之人皆據武城而言故知恐爲武城內應傳載漚菅事者說來伐武城之由劉妄生異見而規杜非也懿子謂景伯若之何對曰吳師來斯與之戰何患焉且召之而至又

哀八

郝邑

取謫于日月之災故政不可不愼也務三而已一曰擇人二曰因民三曰從時○晉人來治杞田季孫將以成與之謝息爲孟孫守不可曰人有言曰雖有挈缾之知守不假器禮也夫子從君而守臣喪邑雖吾子亦有猜焉季孫曰君之在楚於晉罪也又不聽晉魯罪重矣晉師必至吾無以待之不如與之間晉而取諸杞吾與子桃成反誰敢有之是得二成也魯無憂而孟孫益邑子何病焉辭以無山與之萊柞乃遷于桃晉人爲杞取成

七戲

# 封建

小司徒 建邦國

凡建邦國立其社稷正其畿疆之封畿九畿

疏 凡建至之封○釋曰言邦國者謂立畿外諸侯邦國立其社稷者諸侯亦有三社三稷謂

國社侯勝國之社皆有稷配之言立其社稷謂以文書法度與之不可國國身往也正其畿疆者謂九畿畿上皆有疆界封樹以爲阻固也○注畿九畿○釋曰案司馬除王畿以外仍有九畿謂侯甸男采衛要以內六服爲中國其外更言夷鎮蕃三服爲夷狄王畿四面皆有此九畿相去各五百里故云畿謂九畿

形方氏中士四人府四人史四人胥四人徒四十人形方氏主制四方邦國之形體 疏 注形方至形體○釋曰在此者按其職云掌制邦國之地域而正其封疆故注云主制四方邦國之形體故連類在此

形方氏掌制邦國之地域而正其封疆無有華離之地杜子春云離當爲雜書亦或爲雜玄謂華讀爲㼣哨之㼣正之使不㼣邪離絕○華依注音㼣苦蛙反哨劉羊售反沈且笑反邪似嗟反 疏 形方至之地○釋曰形方氏主知四方土地形勢故使掌作邦國之地域大小形勢又當正其封疆勿使相侵○注杜子至離絕○釋曰王者地有㼣邪離絕遞相侵入不正故今正之㼣者兩頭寬中狹邪者謂一頭寬一頭狹云㼣哨之㼣者投壺禮主人云枉矢哨壺哨是不正之義故讀從之使小國事大國大國比小國比猶親也易比象曰先王以建萬國親諸侯 疏 使小至小國○釋曰此亦如上職方氏云大小相維義同注言親諸侯使諸侯相親遞相朝聘是也

形方氏掌制邦國之地域而正其封疆

使小國事大國大國比小國

掌固｜掌脩城郭溝池樹渠　凡守者受法焉　晝巡之

注

國曰固，野曰險

掌固上士二人下士八人府二人史四人胥四人徒四十人固國所依阻者也國曰固野曰險易曰王公設險以守其國疏注固國至其國○釋曰鄭云固國所依阻者也者欲見固據在國而言云國曰固野曰險者對下文司險是在野之義也以其掌固職云掌脩城郭溝池樹渠之固並據國而言司險職云周知山林川澤之阻而達其道路皆據在野而言故知在野曰險又引易者易坎卦彖云天險不可升地險山川丘陵王公設險以守其國引之證固是在國王公設之以守國若然易云王公設險險即此固以其言王公設之非是在野自然之險者也是對文則險固異散則險固通名也掌固司險在也者取整齊之義故也

掌固掌脩城郭溝池樹渠之固頒其士庶子及其衆庶之守樹謂枳棘之屬有刺者也衆庶民遞守固者也鄭司農讀樹以國語曰城守之木於是乎用之○枳居氏反刺七賜反遞劉待禮反又待計反疏掌固至之守○釋曰云掌脩城郭溝池者謂環城及郭皆有溝池云樹渠者非直溝池有樹蕃其餘渠上亦有樹也云之固者摠城郭已下數事皆是牢固之事也云頒其庶子者即宮伯所云士謂卿大夫士之適子庶子其支庶彼據宿衛王宮此掌固所頒亦據宿衛王宮而言以其庶子不合城郭之處用之以掌固是固守之官故兼掌宿衛之事也○注樹謂至用之○釋曰云衆庶民遞守固者也者謂使守城郭之所及要塞之處也先鄭引國語者按楚語云靈王爲章華之臺伍舉諫爲臺榭云瘠磽之地於是乎爲之城守之木於是乎用之是其事引之者證城有守法設其飾器兵甲之屬今城郭門之器亦然疏注兵甲至亦然○釋曰鄭知經飾器是兵甲之屬者以其掌器是防禦之器故知是兵甲之屬也云今城郭門之器亦然者漢時城郭門守器所飾亦若今城郭門旁所執矛戟皆有幡飾之等是也分其財用均其稍食財用國以財所給守吏之用也稍食祿稟疏注財用至祿稟○釋曰云財用者謂所用之財物分與之明是以財所給守吏爲守事之用者也云稍食祿稟者所守之處官及民合受官食月祿稟者所守之處守月給米

十三經注疏　周禮三十　夏官司馬　三

稟與之故謂之稍食也　任其萬民用其材器 任謂以其任使之也民之材器其所用壍築及爲藩落○壍七豔反 疏 注任謂至藩落○釋曰云民之材器其所用壍築及爲藩落者對上文財用謂官之財物此云民之材器明材是材木用爲楨榦以搖壍築作所用及不築處即用材爲藩屏籬落以遮障也　凡守者受灋焉以通守政有移甲與其役財用　唯是得通與國有司帥之以贊其不足者 凡守者士庶子及他要害之守吏通守政者兵甲役財難易多少轉移相給也其他非是不得妄離部署國有司掌固也其移之者又與掌固帥致之贊佐也○凡守者劉收又反注凡守者下有守者同易以豉反離力智反 疏 注凡守至佐也○釋曰云凡守者士庶子及他要害之守吏者此鄭還據上文士庶子及衆庶之守而言云他要害者謂城郭所守是其常處除此有要害之處若殽皐河漢要路之所皆爲他要害也云通守政者兵甲役財難易多少轉移相給者鄭據上文飾器而言變材器言役材者欲見材器是民役之材非財用者云其他非是不得妄離部署者此則釋經唯是得通之言其餘非所通之外皆不得離其本處也　晝三巡之夜亦如之 巡行也行守者爲衆庶之解情○行下孟反下皆同爲于僞反解佳賣反 疏 晝三至如之○釋曰此乃掌固設法與所守之處非是掌固自巡行之也　夜三鼜以號戒 杜子春云讀鼜爲造次之造謂擊鼓行夜戒守也春秋傳所謂賓將趣者與趣與造音相近故曰終夕與燎玄謂鼜擊鼜警守鼓也三巡之間又三擊鼜○鼜音戚造七報反下同趣莊久反劉祖侯反杜七杜反者與音餘近附近之近與燎音預 疏 夜三鼜以號戒○釋曰此乃掌固設法與所守之處言以號戒者使擊鼜有所以號呼使戒守耳○注杜子至擊鼜○釋曰引春秋者按昭二十年衛侯如死鳥齊侯使公孫青聘衛賓將掫注謂行夜不作趣者彼賈服讀字與子春意異云故曰終夕與燎者亦是彼傳文後鄭以鼜擊鼜警守鼓不從子春造音者以子春已上有注鼜讀爲憂戚之戚是戒守者使有憂戚故謂此鼓爲鼜也　若造都邑則治其固與其守灋 都邑亦爲城郭 疏 注都邑亦爲城郭○釋曰謂三等采地言亦爲城郭者但戒守爲城郭而言故亦如上王國然也　凡國都之竟有溝樹之固郊亦如之 竟界也○竟音境注及下同 疏 凡國至如之○釋曰此經爲上經而設仍兼見王國而言故國都雙言之言王國及三等都邑所在境界之上亦爲溝樹以爲阻固郊亦如之若據王國有近郊遠郊亦有溝塗樹以爲固　民皆有職焉 職謂守與任 疏 民皆有職焉○釋曰此亦兼上王國及都合守之處其民皆職任使勞逸遞守也　若有山川則因之 山川若殽皐河漢 疏 若有至因之○釋曰謂上諸有所造溝樹爲固之處値有山川之處則因之不須別造○注山川至河漢○釋曰殽謂若殽有二陵皐謂若亦城皐漢謂若楚謂齊云楚國漢水以爲池河爲四瀆之險又齊西有濁河皆因之爲固可知

# 周官（東周）（札記）

封人

聚土曰封　畿上有封若今時界——王國外之

而后置畿疆　畿上有封　溝塗並封而樹

未可為阻固

社是土地之主，稷是原隰之神——見左二十九年注

神者主社稷之細

天子封諸侯，各於社中建諸侯之社，以其方之色之土

立社者，以所封之土，苴以白茅

諸侯國及大都小都家邑之封疆

封人中士四人下士八人府二人史四人胥六人徒六十八人聚土曰封謂壝堳埒及小封疆也○堳音眉埒音劣疆居良反疏封人至十人○釋曰封人在此者以其掌設王之社壝及畿封又大司徒設社稷壝相左右故在地官而爲職首也胥徒多者以其畿封事廣故也

封人掌詔王之社壝爲畿封而樹之壝謂壇及堳埒也畿上有封若今時界矣不言稷者稷社之細也疏封人至樹之○釋曰云掌設王之社壝者謂王之三社三稷之壇及壇外四邊之壝皆設置之直言壝不云壇舉外以見內內有壇可知也云爲畿封而樹之者謂王之國外四面五百里各置畿限畿上皆爲溝塹其土在外而爲封又樹木而爲阻固故云爲畿封而樹之○注壝謂至細也○釋曰壝謂壇及堳埒也者堳埒即壝經不言壇故鄭兼見之也云畿上有封若今時界矣者漢時界上有封樹故舉以言之云不言稷者稷社之細也者案大司徒及下文皆社稷俱言此獨言社不言稷故解之案孝經緯社是五土摠神稷是原隰之神原隰即是五土之一耳故云社稷之細舉社則稷從之矣故言社不言稷也稷既是原隰之神但原隰宜五穀五穀不可遍敬稷又爲五穀之長故立稷以表名孝經注直云社謂后土者舉配食者而言耳

凡封國設其社稷之壝封其四疆封國建諸侯立其國之封疏凡封至四疆○釋曰言凡封國者封五等之國非一故云凡以廣之云設其社稷之壝者案禹貢徐州貢五色土孔注云王者封五色土爲社建諸侯則各割其方色土與之使立社燾以黃土苴以白茅茅取其潔黃取王者覆四方是封建諸侯立社稷之法也云封其四疆者諸侯百里以上至五百里四邊皆有封疆而樹之故云封其四疆也○注封國至之封○釋曰封國建諸侯者若典命云三公八命其卿六命大夫四命其出封皆加一等是建諸侯也云立其國之封者封則經云四疆是也

造都邑之封域者亦如之疏釋曰云造都邑者謂大都小都家邑三等采地有百里五十里二十五里皆有四邊封域故云之封域也云亦如之者亦如上諸侯有四疆也

令社稷之職將祭之時令諸有職事於社稷者也郊特牲曰唯爲社事單出里唯爲社田國人畢作唯爲社丘乘共粢盛所以報本反始也○唯爲于僞反下同單音丹乘繩證反疏令社稷之職○釋曰春秋祭社皆有職事令之者使各依職司而行故須令之也○注將祭至始也○釋曰言將祭之時者春秋祭社日皆用甲未祭之前令諸有職事于社稷者也云唯爲社事單出里者單盡也盡往助祭于州長此據六鄉之中又云唯爲社田國人畢作者畢亦盡也國人盡行鄭云非徒羨謂在六遂之中以下劑致甿當家之內一人爲正卒一人爲羨卒其餘爲餘夫但田與追胥竭作餘夫亦行故云非徒羨也云唯爲社丘乘共粢盛者此據三等采地之中故有丘甸井田之法案小司徒職云九夫爲井四井爲邑四邑爲丘四丘爲甸甸方八里旁加一里則爲一成成百井九百夫一井之地九夫八家各治一夫自入其治一夫稅入於君以共粢盛而祭社故云丘乘共粢盛也云所以報本反始也者社稷爲土神是民之本句龍后稷是民之始反亦報也令民共之者所以報本反始也引之者證祭社各有職事

區畫（祭祀）（社稷）

辨其邦（載師注畿內三百里采地）國都鄙之數，制其畿疆而溝封之

「疆」疆猶界

「溝」穿地為阻固

「封」起土界

「社」[redacted]五土之神　句龍配食

「稷」原隰之神　棄配食，一名田正

田主（田祖）神所依可畫　後等可為界以神樹為[illegible][illegible]

土田五同壇共位

藉田之內依樹木爲田主

而辨其邦國都鄙之數制其畿疆而溝封之設其社稷之壝而樹之田主各以其野之所宜木遂以名其社與其野千里曰畿疆猶界也春秋傳曰吾子疆理天下溝穿地爲阻固也封起土界也社稷后土及田正之神壝壇與埒也田主田神后土田正之所依也詩人謂之田祖所宜木謂若松柏栗也若以松爲社者則名松社之野以別方面○壝維癸反別彼列反下同

疏而辨至其野○釋曰云辨其邦國者謂分別畿外諸侯邦國多少之數謂若王制云畿外八州州二百一十國也云辨其都鄙之數者謂分別畿內三等采地之數謂若王制畿內九十三國也云制其畿疆者王畿內千里中置王城面有五百里其邦國都鄙亦皆有畿界也云而溝封之者謂於疆界之上設溝溝爲封樹以爲阻固也云設其社稷之壝者謂於中門之外右邊設大社大稷王社王稷又於廟門之屏設勝國之社稷其社稷外皆有壝埒於四面也云而樹之田主者謂藉田之內依樹木而爲田主云各以其野之所宜木者王之田主唯一而已不得云各今云各者摠據邦國都鄙并王者而言也云遂以名其社與其野者謂假令以松爲社則名松社之野餘皆放此也○注千里至方面○釋曰云千里曰畿者職方文云春秋傳曰吾子疆理天下者案左氏傳成二年鞌之戰齊侯使國佐賂晉師晉人不許曰使齊之封內盡東其畝國佐對云先王疆理天下物土之宜故詩云我疆我理南東其畝今吾子疆理諸侯彼云先王疆理天下又云吾子疆理諸侯此云吾子疆理天下不同者鄭以義言之非傳之正文也云溝穿地爲阻固也者謂穿地爲深溝即是阻固也云封起土界也者穿溝出土於岸即皆爲封封即起土界也云社稷后土及田正之神者鄭義依孝經緯社者五土之摠神以句龍生時爲后土官有功於土死配社而食稷是原隰之神宜五穀五穀不可遍舉稷者五穀之長立稷以表神名故號稷棄爲堯時稷官立稼穡之事有功於民死乃配稷而食名爲田正也故云社稷后土及田正之神雙言之耳云壝壇與埒也者經直云壝壇即埒埒不云壇以壝在壇之四面爲之明中有壇可知故鄭兼云壇也案禮記郊特牲云君南面於北墉下鄭注云北墉社內北牆彼社雖無室壇外四面有壁壁外乃有壝耳若然封人云設王之社壝者彼官卑主設之此大司徒尊官直主其制度而已云田主田神后土田正之所依也者此田主當在藉田之中依樹木而爲之故云各以其土地所宜木云田主田神者謂郊特牲云先嗇與神農一也若然鄭意以田主爲神農則無后土及田土之神直以神農爲主祭尊可以及卑故使后土田正二神憑依之同壇共位耳田正則郊特牲所云司嗇一也又引詩人謂之田祖者詩云以御田祖毛云田祖先嗇籥章亦云凡國祈年于田祖鄭云田祖始耕田者謂神農也引之者證田主是神農也云所宜木謂若松柏栗也者是論語哀公問社於宰我對云夏后氏以松殷人以柏周人以栗彼三代所都異處所宜之木不同夏居平陽宜松殷居亳宜柏周居鎬京宜栗此經雖據周一代而言其邦國都鄙異處所宜之木亦復不同故云若松柏栗也云若以松爲社者則名松社之野者此取松爲社假設而言耳云以別方面者但四方宜木面各不同或一方宜松則以松爲社以別餘之方面耳

（大司徒）

國境

近關

甯喜告蘧伯玉伯玉曰瑗不得聞君之出敢聞其入十四年孫氏欲逐獻公瑗走從近關出。蘧居其反瑗于眷反又于萬反遂行從近關出告右宰穀衛大夫右宰穀曰不可獲罪於兩君前出獻公今弒剽。弒申志反天下誰畜

言道逆者自車揖之逆於門者頷之而已頷搖其頭言衎驕心易生。竟音境頷戶感反本又作頷易以豉反公至使讓大叔文子曰寡人淹恤在外二三子皆使寡人朝夕聞衛國之言二三子諸大夫。大音泰朝如字吾子獨不在寡人在存問之公聞文子荅甯喜之言故怨之疏注公聞至之言。正義曰沈氏云大叔文子聞甯喜許公之言而發歎本非面荅甯喜之言而云荅者時聞甯喜之言遂自評論不許於甯子與對面相荅無異故言荅也古人有言曰非所怨勿怨寡人怨矣所怨在親親對曰臣知罪矣臣不佞不能負羈絏以從扞牧圉臣之罪一也有出者有居者出謂衎居謂剽也。羈居宜反絏息列反扞戶幹反圉魚呂反下同臣不能貳通外內之言以事君臣之罪二也有二罪敢忘其死乃行從近關出公使止之傳言衛侯不能安和大臣

襄廿六

襄廿六

# 境界

蒯懼告文子文子曰君忌我矣弗先必死欲先公作亂欲先息薦反。并帑於戚帑子也。并必政反帑音奴疏并帑於戚。正義曰孫子衛朝大臣食邑於戚其子先分兩處將欲作亂慮禍及其子故令并帑處於戚而入見蘧伯玉曰君之暴虐子所知也大懼社稷之傾覆將若之何伯玉蘧瑗。蘧其居反覆芳服反瑗于眷反對曰君制其國臣敢奸之奸猶犯也雖奸之庸知愈乎言逐君更立未知當差否。愈羊主反愈差也差初賣反遂行從近關出懼難作欲速出竟。難乃旦反竟音境下文皆同疏從近關出。正義曰聘禮及竟謁關人鄭玄云古者竟上爲關以譏異服識異言又周禮司關注云關界上之門也衛都不當竟中其界有遠有近欲速出竟故從近關出也公使子蟜子伯

襄十四

# 疆界

侵地非一總繫汶陽

至與之盟○解云其受命不受辭者即莊十九年傳云聘禮大夫受命不受辭是也○八月壬午宋公鮑卒○鮑白卯反○庚寅衛侯遬卒○遬音速○取汶陽田汶陽田者何鞌之賂也以國佐言反魯衛之侵地請諾本所侵地非一摠繫汶陽者省文也不言取之齊者恥内乘勝脅齊求賂得邑故諱使若非齊邑○汶音問疏汶陽田者

公羊成二

何○解云欲言是國曾來未有欲言非國乃與取邾婁田向文故執不知問○注本所侵地至省文也○解云知侵非一者正以下三年秋叔僑如率師圍棘傳云棘者何汶陽之不服邑也以此言之則知汶陽大畔之名明矣○注不言至非齊邑○解云決襄十九年春取邾婁田自漷水繫邾婁言之故也○冬楚師鄭師侵衛○十有一月公會楚公子嬰齊于蜀○丙

# 都邑

# 邑都

王者封諸侯必居土中

從前學者釋之，地之東西二千八百里，南北二萬六千里

千里王畿之中爲主

言地天子及諸侯之居必其國之中，居于天下之中爲都

此謂國之天下之圜

遷于陳儀遷者何其意也其意自欲遷時邢創畏狄兵更欲依險阻○陳儀左氏作夷儀疏遷者何○解云欲言自遷實齊遷之欲言齊遷而作自遷之文故執不知問○遷之○夏六月邢

者何非其意也謂宋人遷宿也書者譏之也王者封諸侯必居土中所以教化者平貢賦者均在德不在險疏注其後爲衛所滅是也遷例大國月重煩勞也小國時此小國月者霸者所助城故與大國同疏注謂宋人遷宿也○解云即莊十年三月宋人遷宿是也案彼傳云遷之者何不通也以地還之也今又發之者正以此有自遷之文故取此對之也○注王者至土中○解云謂各處其土中不謂据天下○注其後至是也○解云即二十五年春

十三經注疏 公羊十 僖公元年 一

王正月丙午衛侯燬滅邢是也○注遷例大國月○解云即下三十一年十有二月衛遷于帝丘之屬是也○注小國時○解云即昭九年春許遷于夷之屬是也

僖之

節
邑

十室之邑

[illegible]蕭[illegible]
[illegible]十室之邑也

[illegible]

# 都邑

晉討衛張本○鄭伯賞入陳之功入陳在前年三月甲寅朔享子展賜之先路三命之服先路次路皆王所賜車之摠名蓋請之於王。路本亦作輅音路疏注先路至於王。正義曰周禮巾車云服車五乘孤乘夏篆卿乘夏縵大夫乘墨車則禮於卿大夫所當乘者名車不名路也而傳稱王賜叔孫豹鄭子蟜者皆云大路知此先路次路皆王所賜車之摠名也賜車稱路從王賜之名必是稟王之命故云蓋請之於王也宣十六年傳云晉侯請于王以黻冕命士會知諸侯命臣有請王之法故云蓋也先八邑以路及命服爲邑先八邑三十二井。先徐悉薦反下同或如字疏注以路至二井。正義曰禮遺人以物皆以輕先重後故以路及命服爲邑之先也周禮小司徒四井爲邑故杜以八邑爲三十二井劉炫云案論語有十室之邑又杜注免餘邑爲一乘之邑又宋鄭之間六邑岳戈錫等杜何以知此邑非彼等之邑必以爲四井之邑今知不然者邑之爲名大小無定子展子產爲鄭日久先有采邑今以入陳有功加賜田土不應更以八个大邑而又與之至於免餘辭邑云唯卿備百邑故杜以爲一乘之邑合論語百乘之家其實一乘稱邑文無所出周禮稱四井爲邑杜以正邑解之故云三十二井得爲漸賜土田之義又八邑六邑爲節級之差劉以爲大邑而規杜氏非也賜子產次路再命之服先六邑子產辭邑曰自上以下隆殺以兩禮也臣之位在四上卿子展次卿子西十一年良霄見經十九年乃立子產爲卿故位在四。殺所界反見賢遍反疏注上卿至者四。正義曰十五年傳云鄭人以子西伯有子產之故納賂于宋是伯有在子西之下也十九年傳云子展當國子西聽政當國謂攝君事聽政謂爲上卿是子西次子展故此注以子西爲二良霄爲三二十七年鄭伯享趙孟于垂隴子展伯有子西子產子大叔二子石從如彼文次伯有在子西之上二十九年禆諶論子產位次云天又除之奪伯有魄子西即世將焉辟之先言伯有後言子西又是子西在伯有之下者據十九年傳子西必在伯有之上蓋其後更有進退杜據傳上文以次之且子展之功也臣不敢及賞禮請辭邑賞禮以禮見賞謂六邑也公固予之乃受三邑位次當受二邑以公固與之故受三邑公孫揮曰子產其將知政矣知國政讓不失禮○晉人爲孫氏故召諸侯將以討衛

襄廿六

邑之名大小無定：一乘之邑，十室，四井，千室

惟卿備百邑

與邑六十　勉案辭與盟日丙戌請免死之邑宋亦與之也

六月公會晉趙武宋向戌鄭良霄曹人于澶淵以討衛疆戚田正戚之封疆。疆居良反注同取衛西鄙懿氏六十以與孫氏戚城西北五十里有懿城。因姓以名城取田六十井也疏注戚城至井也。正義曰傳言西鄙懿氏則西鄙之地以懿氏爲名也謂之懿氏則以懿爲氏族之名蓋上世有大夫姓懿氏食邑於此地因以其姓名其城也杜以懿氏旣爲邑名而云取其六十故以爲取田六十井服虔云六十邑劉炫以服言爲是今知非者此六十之文摠屬懿氏懿氏不見經傳則里細可知旣非卿大夫何得廣有土地分六十之邑而與孫氏且直言六十本無邑文故杜以爲六十井劉從服說以規杜氏非也

襄廿六

公與免餘邑六十辭曰唯卿備百邑臣六十矣下有上祿亂也此一乘之邑非四井之邑論語稱十室又云千室明通稱。乘繩證反通稱尺證反疏注此一至通稱。正義曰司馬法成方十里出革車一乘此一乘之邑每邑方十里也論語云百乘之家大夫稱家邑有百乘是百乘爲采邑之極此云唯卿備百邑知所言邑者皆是一乘之邑非四井之邑也杜以一乘名邑書傳無文故引論語千室十室明其大小通稱邑也臣弗敢聞且甯子唯多邑故死臣懼死之速及也公固與之受其半以爲少師公使爲卿辭曰大叔儀不貳能贊大事贊佐也。少詩照反君其命之乃使文子爲卿文子大叔儀

襄廿七

嫌時已聞喪當書故發例○崔氏之亂喪羣公子故鉏在魯叔孫還在燕賈在句瀆之丘在襄二十一年。喪息浪反故鉏仕居反公子鉏也本或作故公鉏者非瀆音豆及慶氏亡皆召之具其器用而反其邑焉反還也與晏子邶殿其鄙六十邶殿齊別都以邶殿邊鄙六十邑與晏嬰。邶蒲對反殿多薦反又如字注及下同疏注六十邑。正義曰傳直言六十杜知六十邑者下云與北郭佐邑六十則此亦是六十邑也弗受子尾曰富人之所欲也何獨弗欲對曰慶氏之邑足欲故亡吾邑不足欲也益之以邶殿乃足欲足欲亡無日矣在外不得宰吾一邑不受邶殿非惡富也恐失富也且夫富如布帛之有幅焉爲之制度使無遷也遷移也。惡烏路反且夫音扶幅音福疏外不得宰。正義曰外猶以外宰猶益也以邶殿爲外也言吾先有邑更不得益邶殿耳夫民生厚而用利於是乎正德以幅之言厚利皆人之所欲唯正德可以爲之幅疏夫民至幅之。正義曰人皆欲生計重厚而多財用利益心旣無厭於是乎用正德以幅之言用正德以爲邊幅使有度也使無黜嫚黜猶放也。黜勑律反嫚徐音慢謂之幅利利過則爲敗吾不敢貪多所謂幅也與北郭佐邑六十受之與子雅邑辭多受少與子尾邑受而稍致之致還公公以爲忠故有寵釋盧蒲嫳于北

襄廿八

都邑

宗邑

象故曰爲嬴敗姬○嬴音盈 疏 注嬴秦至敗姬○正義曰震爲雷離爲火說卦文服虔云離爲日爲火秦嬴姓水位三至五有坎象水勝火故爲嬴敗姬 車說其輹火焚其旗不利行師敗于宗丘 輹車下縛也丘猶邑也震爲車離爲火上六爻在震則無應故車脫輹在離則失位故火焚旗言皆失車火之用也車敗旗焚故不利行師火還害母故敗不出國近在宗邑○說吐活反注同輹音福又音服案車旁著畐音福老子所云三十輻共一轂是也車旁著复音服是車下伏兔縛如字又扶臥反 疏 注輹車至宗邑○正義曰子夏易傳云輹車下伏兔也今人謂之車屐形如伏兔以繩縛於軸因名縛也丘之高者曰丘衆之所聚爲邑故丘猶邑也晉語震爲車也說卦離爲火上爻在震則無應故車脫輹三亦陰爻是無應也在離則失位故火焚其旗初三五奇爲陽位二四上耦爲陰位在離則變爲陽而居陰位是失位也師行必乘車而建旗車敗旗焚故不利行師也火還害母故敗不出國近在宗邑也服虔云五至三有坎爲水象震爲車車得水而脫其輹也震爲龍龍爲諸侯旗離之震故火焚其旗也震東方木兌西方金木遇金必敗韓有先君之宗廟故曰宗丘 歸妹睽孤寇張之弧 此睽上九爻辭也處睽之極故曰睽孤失位孤絕故遇寇難而有弓矢之警皆不吉之象○難乃旦反警音景 疏 注此睽至之象○正義曰睽卦上九云上九睽孤見豕負塗載鬼一車先張之弧後說之弧匪寇婚媾往遇雨則吉彼文甚多此略取之先張之弧謂見寇而張弓故曰張寇難而有弓矢之警皆不吉之象服虔云坎爲寇爲弓故曰寇張之弧 姪其從姑 震爲木離爲火火從木生離爲震妹於火爲姑謂我姪者我謂之姑謂子圉質秦○姪待結反字林丈一反 疏 注震爲至質秦○正義曰釋親云父之姊妹爲姑女子謂昆弟之子爲姪是謂我姪者我謂之姑 六年其逋逃歸其國而弃其家 逋亡也家謂子圉婦懷嬴○逋補吾反 疏 注逋亡至懷嬴○正義曰桓十八年傳曰女有家男有室室家通言耳夫謂妻爲家棄其家謂棄其妻故爲懷嬴也子圉以十七年質于秦二十二年逃歸是六年乃逋也 明年其

僖十五

僖十五

# 都邑

郿非都也凡邑有宗廟先君之主曰都無曰邑邑曰築都曰城周禮四縣爲都四井爲邑然宗廟所在則雖邑曰都尊之也言凡邑則他築非例疏注周禮至非例○正義曰周禮小司徒職云九夫爲井四井爲邑四邑爲丘四丘爲甸四甸爲縣四縣爲都注引此者以證都大邑小耳經傳之言都邑者非是都則四縣邑皆四井此傳所發乃爲小邑發例大者皆名都都則悉書曰城小邑有宗廟則雖小曰都無乃爲邑邑則曰築都則曰城爲尊宗廟故小邑與大都同名釋例曰若邑有先君宗廟雖小曰都尊其所居而大之也然則都而無廟固宜稱城城漆是也而賴氏唯繫於有無君之廟患漆本非魯邑因謗曰漆有邾之舊廟是使魯人尊邾之廢廟與先君同非經傳意也又解傳言凡邑則主爲邑言則他築非例也若築臺築囿築王姬之館則皆稱爲築無大小之異○築

莊廿八

莊廿八

有宗廟先君之主曰都
邑—築
都—城
大者皆名都

[illegible]

列傳十六

[illegible]

# 都邑

國家

僖十五 史蘇占之曰……車脱其輹火焚其旗不利行師敗于宗丘歸妹睽孤寇張之弧姪其從姑六年其逋逃歸其國而棄其家明年其死於高梁之虛　然案國家丘虛皆同韻字或原系一語

# 都邑 附

國都为上邑为下

四月丁未邾子瑣卒無傳未同盟而赴以名○瑣素果反○秋荆伐鄭公會齊人宋人救鄭○冬築郿郿魯下邑傳例曰邑曰築○郿亡悲反

疏注郿魯至曰築○正義曰國都爲上邑爲下故云魯下邑成十八年築鹿囿傳曰書不時也此傳唯發城築之例不言時與不時者春秋重土功無備而興作者傳每事各言時與不時以別有所備禦如書旱雩之別過雩也其有所畏懼而興作者唯一發而已襄十九年城西郛傳曰懼齊也是其事也此年大無麥禾時歲饑虛恐或侵伐故築之以備難從西郛之例故不發傳也

莊廿八

# 都邑

鄰譜

周邑藝文通

# 成郭

城郛

夏齊侯伐我北鄙圍成公救成至遇無傳遇魯地書至遇公畏齊不敢至成○季孫宿叔孫豹帥師城成郛備齊故夏城非例所譏○秋八月丁巳日有食之無傳八月無丁巳丁巳七月一日也日月必有

襄十五

○夏齊侯圍成貳於晉故也不畏霸主故敢伐魯於是乎城成郛也郛郭也○秋邾人伐我南鄙亦貳於晉故使告于晉晉將爲會

襄十五

遷

遷都

○吳洩庸如蔡納聘而稍納師師畢入衆知之元年蔡請遷于吳中悔故因聘襲之○洩息列反一音息反未詳丁仲反蔡侯告大夫殺公子駟以說殺駟以說吳言不時遷駟之為哭而遷墓將遷與先君辭故哭冬。蔡遷于州來

哀二

滕子結卒無傳同盟於皐鼬○冬十有二月葬蔡昭公無傳亂故是以緩○葬滕頃公無傳

傳四年春蔡昭侯將如吳諸大夫恐其又遷也承承音懲蓋楚言○懲直升反疏注承音懲蓋楚言○正義曰懲創往年之遷恐其更復遷徙承懲音相近蓋是楚人之言聲轉而字異耳公孫翩逐而射之入於家人而卒翩蔡大夫○翩音篇射食亦反下同疏入於家人而卒○正義曰言將如吳已適吳矣翩在路逐而殺之遂入于凡人之家言此者說其非理之意以兩矢門之衆莫敢進翩以矢自守其門文之鍇後至鍇蔡大夫○鍇音楷又音皆又客駭反曰如牆而進多而殺二人併行如牆俱進○併步頂反鍇執弓而先翩射之中肘鍇遂殺之故逐公孫辰而殺公孫姓公孫盱。盱即霍也○中丁仲反肘竹九反盱況于反

哀四

城郭

夫高厚○鄭殺其大夫公子嘉○冬葬齊靈公（無傳）○城西郛（魯西郭○郛芳夫反）○叔孫豹會晉士匄
于柯（魏郡內黃縣東北有柯城）○城武城（泰山南武城縣）

右城西郛懼齊也

襄九

城邑職官兵卷

子皮止之衆曰人不我順何止焉子皮曰夫子禮於死者況生者乎遂自止之壬寅子産入癸卯子石入（子石印段）皆受盟于子晳氏乙巳鄭伯及其大夫盟于大宮（大宮祖廟）盟國人于

十三經注疏　春秋左傳四十　襄公三十年　二十五

師之梁之外（師之梁鄭城門）伯有聞鄭人之盟己也怒聞子皮之甲不與攻己也喜曰子皮與我。矣癸丑晨自墓門之瀆入（墓門鄭城門○瀆徐音豆）因馬師頡介于襄庫以伐舊北門（馬師頡子羽孫○頡戸結反介音界下文同）

襄卅

# 都邑

〇冬城漆邾庶其邑〇漆音七疏注邾庶其邑〇正義曰襄二十一年邾庶其以漆閭丘來奔莊二十八年傳曰凡邑有宗廟先君之主曰都無曰邑邑曰築都曰城此稱城漆漆本邾邑不得有先君宗廟而稱城者釋例曰若邑有先君宗廟則雖小曰都尊其所居以大之也然則都而無廟固宜稱城城漆是也而穎氏雅槩於先君之廟患漆本非魯邑因說曰漆有邾之舊廟是使魯人尊邾之廢廟與先君同非經傳意也是言漆是大都自應稱城言庶其邑者意在排舊說

定十五

都邑军卷

不如止其尸以求成焉乃止諸州州晉地爲明年宋公使樂大心如晉張本○公侵齊攻廩丘之郛郛郭也○廩力甚反郛芳夫反主人焚衝衝戰車○衝昌容反說文作幢云陷陣車也或濡馬褐以救之馬褐馬衣○濡人于反褐戶葛反遂毀之毀郛主人出師奔攻郛人少故遣役師走往助之疏主人出師奔○正義曰賈逵以爲主人出魯師奔走而卻退言魯无戰備也劉炫云杜亦不勝賈今杜必異於賈以爲役師奔走往助之者若如賈言魯師奔走則是秋敗而還下傳陽虎何得云猛在此必敗明其於時不敗故猛得逐廩丘之人是賈言非也陽虎僞不見冉猛者曰猛在此必敗陽州之役猛先歸之言若在此必復敗○復扶又反猛逐之顧而無繼僞顛逐廩丘人虎曰盡客氣也言皆客氣非勇○客苦百反○苫越生子將待事而名之苫越苫夷○苫戎占反○陽州之役獲

定八

# 都邑

鬪固城克息舟城而居之息舟楚邑城之堅固者疏鬪固至居之○正義曰鬪固城城之固者克息舟息舟即是其一也以鬪時有所毀故更城而居之觀起之死也其子從在蔡

昭十三

# 鄘邑

其怒遂與子皮曰任鄭翩殺多僚任翩亦貙家臣。重直用反見賢遍反勝音升任音壬翩音篇劫司馬以叛而召亡人壬寅華向入樂大心豐愆華䝙禦諸横梁國睢陽縣南有横亭。愆起虔反本或作衍睢音雖華氏居盧門以南里叛盧門宋東城南門六月庚午宋城舊鄘及桑林之門而守之舊鄘故城也桑林城門名。鄘音容本或作墉、

昭廿一

# 都邑

閻左山主

傳六年取郜取我而撲去之諸侯若其不撲

表裏山河必無害也注晉國外河而內山

# 郡邑

## 古鳥居

穀梁元 寰内諸侯非有天子之命不得出會諸侯 注「天子畿内大夫有采地謂之寰内諸侯」 釋文「寰音縣古縣字一音環又音患寰内」圻内也」

勉案寰‖縣‖環 然則赤縣神州即赤環可見州即洲 古者鳥居也

# 職

周雕同音，然東則爲鳥，本同音耳

公賓子孫一貫矣。周本，釋文周一本作雕

# 邑都

煙霞下古義先生王府多年雲動適千山

万千居山

# 都邑

十三經注疏　春秋左傳五十二　昭公二十六年　七

齊侯從之使公子鉏帥師從公鉏齊大夫。鉏仕居反成大夫公孫朝謂平子曰有都以衛國也請我受師許之以成邑禦齊師。朝如字請納質恐見疑。質音致弗許曰信女足矣告於齊師曰孟氏魯之敝室也敝壞也。女音汝用成已甚弗能忍也請息肩于齊公孫朝詐齊師言欲降使來取成。降戶江反下同齊師圍成成人伐齊師之飲馬于淄者曰將以厭衆以厭衆心不欲使知已降也淄水出泰山梁父縣西北入汶。飲於鴆反淄側其反厭於冉反又於葉反汶音問魯成備而後告曰不勝衆告齊言衆不欲降已不能勝。勝音升注同又始證反師及齊師戰于炊鼻季氏

昭廿六

# 都邑

## 大都以名通者不繫國

經三十有二年春城小穀小穀齊邑濟北穀城縣城中有管仲井大都以名通者則不繫國

疏三十二年注小穀至繫國○正義曰傳稱爲管仲知是齊邑管仲所食采邑也吳滅州來

莊卅二

晉滅下陽如此之類皆不繫國知大都以名通者則不繫國也華亥向寧人于宋南里以叛南里非大都不得以名通故繫之宋耳賈逵云不繫齊者世其祿然則彼不繫者豈皆世其祿乎○夏宋公齊侯遇

# 城邑

郛

公襄十五　季孫宿叔孫豹帥師城成郛　紀要此見

邑亦有郛

襄十九　城西郛　注言西郛者據都城鑣道東西

21。

# 都邑。

諸侯無故不造城城則攻其所造

附釋音春秋左傳注疏卷第十三 僖六年盡十四年

杜氏注 孔穎達疏

經六年，春王正月。○夏公會齊侯宋公陳侯衛侯曹伯伐鄭圍新城新城鄭新密今滎陽密縣。○秋楚人圍許楚子不親圍以圍者告諸侯遂救許皆伐鄭之諸侯故不復更敘。○冬公至自伐鄭無傳疏公至自伐鄭○正義曰二十八年公會晉侯云云于溫諸侯遂圍許二十九年公至自圍許此年會伐鄭遂救許不稱至自救許而云至自伐鄭與溫會反者釋例曰諸若此類事勢相接或以始致或以終致蓋時史之異也此事當由公至自告廟所告不同史依告而書不爲義例

傳六年春晉侯使賈華伐屈夷吾不能守盟而行賈華晉大夫非不欲校力不能守言不如重耳之賢將奔狄郤芮曰後出同走罪也嫌與重耳同謀而相隨。○郤去逆反芮如銳反不如之梁梁近秦而幸焉乃之梁以梁爲秦所親幸秦既大國且穆姬在焉故欲因以求入。○近附近之近。○夏諸侯伐鄭以其逃首止之盟故也首止盟在五年圍新密鄭所以不時城也實新密而經言新城者鄭以非時興土功齊桓聲其罪以告諸侯疏注實新至諸侯。○正義曰密是邑名鄭人新築密邑故傳稱新密經不稱圍新密言圍新城傳云鄭所以不時城也解經言新城之意鄭以非時築城違禮害民齊桓聲其罪以告諸侯故書新城以新城爲鄭之罪狀劉炫云先王之制諸侯無故不造城造城則攻其所造司馬法曰産城攻其所産是也

僖六

邑都

城－外民

○鄭人圍許○城中城城中城者非外民也譏公不務德政恃城以自固不德能衛其人民疏城中至民也○釋曰莊二十九年冬城諸及防傳曰可城也今云非外民也者凡城之志皆譏就譏之中閑隙之月少耳故云可城乃非全善之文此亦冬城譏同而無譏故發傳明之舊解以爲有難而脩城則不譏矣若文十二年季孫行父城諸及鄆是也此涉左氏之說案穀梁傳凡城之志皆譏安得有備難之事若備難無譏則經本不應書之經既書之明譏例同或以爲城諸及防是十一月故傳發可城之文今此城是十二月故發外民之傳雖同是譏事有優劣故發傳以異之

九　穀成

# 邑城

譏益城

○夏城中丘城例時中丘魯地城爲保民爲之也建國立城邑有定所高下大小存乎王制刺公不脩勤德政更造城以安民○爲于僞反下爲其同刺七賜反疏注建國至安民○釋曰禮記王制無此文言存乎王制者謂王者之法制也高下者考工記云王宮門阿之制五雉宮隅之制七雉城隅之制九雉門阿之制以爲都城之制宮隅之制以爲諸侯之城制是也大小者即左傳云大都不過參國之一中五之一小九之一是也此城中丘與九年夏城郎例時者功役之事揔指天象故也民衆城小則益城益城無極凡城之志皆譏也夫保民以德不以城也如民衆而城小輒益城是無限極也此發凡例施之於城內邑

隱七

惠臣

轅報　郡

報三月、、、仲容答華郡大寓中丞府肯心

# 都邑

得之利故爲之子墨子言曰計其所自勝無所可用也計其所得反不如所喪者之多今攻三里之城七里之郭（襍守篇云率萬家而城方三里孟子公孫丑篇亦云三里之城七里之郭戰國策齊策云即墨三里之城七里之郭又作五里之城五里之郭）攻此不用銳且無殺而徒得此然也殺人多必數於萬寡必數於千然後三里之城七里之郭且可得也今萬乘之國虛數於千（畢云虛墟字正文俗从土詒讓按虛下疑挩城字下文云以爭虛城）不勝而入（畢云舊作人以意改）廣衍數於萬（畢云王逸注楚辭曰衍廣大也）不勝而辟（畢云此闢字之叚音入辟爲韻）然則土地者所有餘也王民者所不足也（王云王民二字義不可通當是士民之誤士民與土地對文下文王民同）今盡王民之死嚴下上之患以爭虛城則是棄所不足而重所有餘也爲政若此非國之務者也飾攻戰者言曰（畢云舊作也言一本）

墨子 非攻 中

# 都邑

郡國

右經十八章伯謨書注所取舊而改郡國邦國作都

嘉年中

又閩二州[illegible]

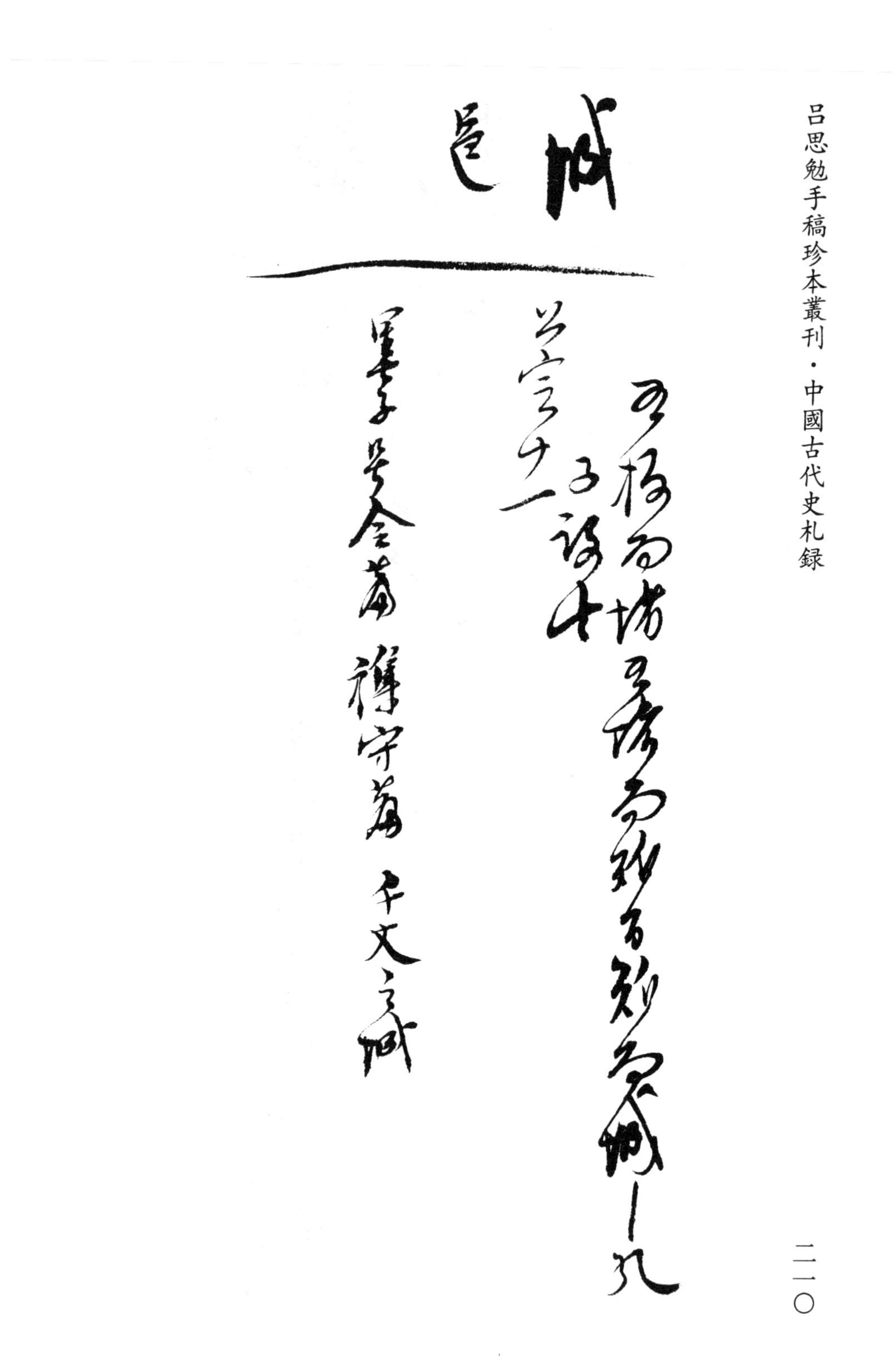

# 城邑

[illegible]

[illegible]

墨子號令篇　襍守篇　[illegible]

106　都邑

城制

都邑互言

公順姜請使段請京使居之謂之京城大叔居京謂之京城大叔言寵異於衆臣京鄭邑今滎陽京縣○大音泰注及下皆同祭仲曰都城過百雉國之害也祭仲鄭大夫方丈曰堵三堵曰雉一雉之牆長三丈高一丈侯伯之城方五里徑三百雉故其大都不得過三百雉○過古臥反後不音者皆同堵丁古反長直亮反又如字高古報反又如字徑古定反疏注祭仲至百雉○正義曰傳諸言大夫皆以其名氏顯見於傳更無卑賤之驗者皆以大夫言之其實是大夫以否亦不可知也定十二年公羊傳曰雉者何五板而堵五堵而雉何休以為堵四十尺雉二百尺許慎五經異義戴禮及韓詩說八尺為板五板為堵五堵為雉板廣二尺積高五板為一丈五堵為雉雉長四丈古周禮及左氏說一丈為板板廣二尺五板為堵一堵之牆長丈高丈三堵為雉一雉之牆長三丈高一丈以度其長者用其長以度其高者用其高也諸說不同必以雉長三丈為正者以鄭是伯爵城方五里大都三國之一其城不過百雉則百雉是大都定制因而三之則侯伯之城當三百雉計五里積千五百步步長六尺是九百丈也以九百丈而為三百雉則雉長三丈賈逵馬融鄭玄王肅之徒為古學者皆云雉長三丈故杜依用之侯伯之城方五里無正文周禮冬官考工記匠人營國方九里旁三門謂天子之城天子之城方九里諸侯禮當降殺則知公七里侯伯五里子男三里以此為定說也但春官典命職乃稱上公九命侯伯七命子男五命其國家宮室車旗衣服禮儀皆以命數為節鄭玄以為國家國之所居謂城方也如典命之言則公當九里侯伯七里子男五里故鄭玄兩解之其注尚書大傳以天子九里為正說又云或者天子之城方十二里詩文王有聲箋言文王城方十里大於諸侯小於天子之制論語注以為公大都之城方三里皆以為天子十二里公九里也其駁異義又云鄭伯城方五里以匠人典命俱是正文因其不同故兩申其說今杜無二解以侯伯五里為正者蓋以典命所云國家者自謂國家所為之法禮儀之度未必以為城居也先王之制大都不過參國之一三分國城之一○參七南反又音三○中五之一小九之一今京不度非制也不合法度非先王制疏大都至九之一○正義曰定以王城方九里依此數計之則王城長五百四十雉其大都方三里長一百八十雉中都方一里又二百四十步長一百八雉也小都方一里長六十雉也公城方七里長四百二十雉其大都方二里又一百步長一百四十雉也中都方一里又一百二十步長八十四雉也小都方二百三十三步二尺長四十六雉又二丈也侯伯城方五里長三百雉其大都方一里又二百步長百雉也中都比王之小都其小都方一百六十六步四尺長三十三雉又一丈也子男城比王之大都其大都比侯伯之中都其中都方一百八十步長三十六雉也小都方百步長二十雉也考工記曰王宮門阿之制五雉宮隅之制七雉城隅之制九雉門阿之制以為都城之制宮隅之制以為諸侯之城制然則王之都城隅高五丈城蓋高三丈諸侯城隅高七丈城蓋高五丈也三丈以下不復成城其都城蓋亦高三丈也周禮四縣為都周公之設法耳但土地之形不可方平如圖其邑竟廣狹無復定準隨人多少而制其都邑故有大都小都焉下邑謂之都都亦一名邑莊二十八年傳曰宗邑無主閔元年傳曰分之都城俱論曲沃而都邑互言是其名相通也君將不堪

城池　恃陋而不脩城郭

召桓公來賜公命（召桓公周卿士）○晉侯使申公巫臣如吳假道于莒與渠丘公立於池上（渠丘公莒子朱也池城池也渠丘邑名莒縣有蘧里。蘧其居反。疏注渠丘至蘧里。正義曰十四年莒子朱卒知渠丘公即是朱也渠丘莒之邑名夷不當有謚或作別號此朱以邑名爲號不知其故何也。）

十三經注疏　春秋左傳二十六　成公八年　六

曰城已惡莒子曰辟陋在夷其孰以我爲虞（虞度也。已惡如字已猶大也本或作城已惡矣度待洛反。）對曰夫狡焉思啓封疆以利社稷者何國蔑有唯然故多大國矣唯或思或縱也（狡猾之人。狡交卯反猾于八反。世有思開封疆者有縱其暴掠者莒人當唯此爲命。疆居良反注同唯然音維本或作雖後人改也掠音亮　疏唯然。正義曰俗本唯作雖今定本作唯）勇夫重閉況國乎（爲明年莒潰傳。重直龍反又直勇反閉補計反又補結反一音戶旦反）

城郭

○冬十一月楚子重自陳伐莒圍渠丘渠丘城惡衆潰奔莒戊申楚入渠丘（月六日）莒人囚楚公子平楚人曰勿殺吾歸而俘莒人殺之楚師圍莒莒城亦惡庚申莒潰（月十八日）楚遂入鄆莒無備故也（終巫臣之言）君子曰恃陋而不備罪之大者也備豫不虞善之大者也莒恃其陋而不脩城郭浹辰之間而楚克其三都無備也夫（浹辰十二日也。浹子協反徐又音子荅反夫音扶　疏注浹辰十二日也。正義曰浹爲周匝也從甲至癸爲十日從子至亥爲十二辰周禮縣治象浹日而斂之謂周甲癸十日此言浹辰謂周子亥十二辰故爲十二日也）詩曰雖有絲麻無棄菅蒯雖有姬姜無棄蕉萃凡百君子莫不代匱言備之不可以已也（逸詩也姬姜大國之女蕉萃陋賤之人。菅古顏反蒯苦怪反蕉在遥反萃在醉反匱其位反　疏無棄菅蒯。正義曰釋草云白華野菅郭璞曰菅茅屬陸璣毛詩疏曰菅似茅滑澤無毛肕宜爲索漚及曝尤善蒯與菅連亦菅之類喪服疏屨者傳曰藨蒯之菲也可以爲屨明肕如菅並可代絲麻之乏故云無棄也）

成八

# 都邑

「野[illegible]の[illegible]才草莽中於王[illegible][illegible]天下[illegible][illegible][illegible]」

草[illegible]の大敵蓋[illegible]以[illegible]都邑」其土中[illegible][illegible][illegible]都[illegible][illegible]天

[illegible]皇[illegible]」

[illegible][illegible][illegible]也天子[illegible]万[illegible][illegible]也[illegible][illegible][illegible][illegible][illegible][illegible][illegible][illegible]

[illegible]天子中[illegible][illegible][illegible][illegible]天[illegible][illegible][illegible]也[illegible]札

# 都邑

多部族之國

以其為東亞中國以後の方 後之中國多部族的の方

誤為後也及其之同之之の方於對於知其中國語

多部族の方語誤及其以之國對の異族語及

亦為中國之文者對於不同的

京師

○夫人姜氏如齊歸字○二月叔孫得臣如京師京大也師衆也言周必以衆與大言之也

疏京大至言之也○釋曰不發於桓九年者内之如京師始於此故發之季姜非魯女故彼處不發雖略不發傳亦同此可知也

# 都邑

## 京師

京師者何天子之居也以季姜言歸疏京師者何○解云欲言天子之居而文不言王欲言凡國而爲王后所歸故執不知

問京者何大也師者何衆也天子之居必以衆大之辭言之地方千里周城千雉宮室官府制度廣大四方各以其職來貢莫不備具所以必自有地者治自近始故據土與諸侯分職而聽其政焉即春秋所謂內治其國也書季姜歸者明魯爲媒當有送迎之禮○治自直吏反疏京者至言之○解云京師之名理須訓解故分而問之○注地方千里○解云即詩云邦圻千里是也○注周城千雉○解云在定十二年○注即春至之禮○解云春秋據魯爲王故內魯若周公制禮內京師然也○夏四月○秋七月

公桓九

伐國自益其邑

○季孫宿帥師救台遂入運入運者討叛也封内兵書者爲遂舉討叛惡遂者得而不取與不討同故言入起其事○疏注入運討叛也○解云昭元年三月取運運者何内之邑也其言取之何不聽也何氏云不聽者叛也不言叛者爲内諱故書取以起之然則運者是内邑而季孫入之故知討叛也○注封内兵書者爲遂舉○解云春秋之義封内之兵例所不書即定八年傳云公斂處父帥師而至經不書之是也今書救台與入運者爲惡季孫之遂是以舉之○注討叛至其事○

襄十二

解云春秋之義大夫出竟有可以安社稷利國家者專之可也然則討叛之事可以容其專之而惡其遂者正以得而不取與不討莫異知得而不取者正以經書入故也是以隱二年夏莒人入向之下傳云入者何得而不居也案下注云季孫宿遂取鄆以自益其邑然則此言得而不取者謂雖得運不取以入國家非謂全不取也言故書入起其事者以起其不取運以入國家之事也大夫無遂事此其言遂何公不得爲政爾時公微弱政教不行故季孫宿遂取鄆而自益其邑疏大夫無遂事云云○解云莊公十九年公子結之下已發此傳今此復言之者嫌討叛不惡遂故明之○注季孫宿至其邑○解云遂者專事之辭言季孫自專取鄆故言遂取鄆也知以自益其邑者正以討叛邑而不入國家故知以自益其邑也夏晉侯使士彭來聘○秋九月吳子乘卒至此卒者與中國會同本在楚

邊都

公邑　君邑

私　臣

○夏莒牟夷以牟婁及防茲來奔莒牟夷者何莒大夫也莒無大夫此何以書重地也其言及防茲來奔何据漆閭丘不言及高張言及疏莒牟夷者何○解云欲言莒君經不言子欲言大夫莒無大夫故執不知問○注据漆至言及○解云言漆閭丘不言及者即襄二十一年春邾婁庶其以漆閭丘來奔是也高張言及者即哀六年夏齊國夏及高張來奔是也正以地邑無及文上下大夫乃言及與此防茲之義違故難之何者人之尊卑自有差等故可以言及地邑無尊卑之義恐其不得言及也不以私邑累公邑也公邑君邑也私邑臣邑也累次也義不可使臣邑與君邑相次序故言及以絕之

公昭五

公曰姜氏欲之焉辟害對曰姜氏何厭之有不如早爲之所使得其所宜。爲於虔反厭於鹽反無使滋蔓蔓難圖也蔓草猶不可除況君之寵弟乎公曰多行不義必自斃子姑待之斃踣也姑且也。蔓音萬斃婢世反本又作獘舊扶設反踣蒲北反疏無使滋蔓。正義曰此以草喻也草之滋長引蔓則難可芟除喻段之威勢稍大難可圖謀也。注斃踣也。正義曰釋言文也孫炎曰前覆曰踣既而大叔命西鄙北鄙貳於己鄙鄭邊邑貳兩屬公子呂曰國不堪貳君將若之何公子呂鄭大夫疏國不堪貳。正義曰兩屬則賦役倍賦役倍則國人不堪也欲與大叔臣請事之若弗與則請除之無生民心叔久不除則舉國之民當生他心公曰無庸將自及言無用除之禍將自及大叔又收貳以爲己邑前兩屬者今皆取以爲己邑至于廩延言轉侵多也廩延鄭邑陳留酸棗縣北有延津。廩力錦反

貳，兩屬則賦役倍

# 都啚

邑之叛服

左僖廿滑人叛鄭而服於衛夏鄭公子士

洩堵寇帥師入滑　廿四鄭之入滑也滑人聽

命師還又即衛鄭公子士洩堵俞彌帥師

伐滑王使伯服游孫伯如鄭請滑鄭伯怨

惠王之入而不與厲公爵也又怨襄王之與

衛滑也　然王助衛故不聽王命而執二子

而滑請

禮記月令 每當勤作為孫子都

史記秦本紀陰夷

下年國原二年取邑 二年國都

史記蘇秦傳說趙王 地二千里帶甲大縣數十名都數百

又內一都令

白虎通都邑 都邑都昔爲國都之王都

鄭人士(?)城郭 都 城內都

縣

巨城

鄉

國

邑

史記陳丞相世家　陽武戶牖鄉人

史記老子韓非列傳　老子者，楚苦縣厲鄉曲仁里人

[illegible][illegible]

都

諸葛紀紀之甘二妨實兩都司王生侍補

謹

# 城邑

「精選古今論著於俗及其學城郭宮

歷代邑制升降作爲書目

周古記、歷代文

都邑

山崩

郤子之不朝也來寧不書而後年書歸郤更嫁之文也明公絕郤昏既來朝而還○還戶關反夏遇于防而使來朝○秋八月辛卯沙鹿崩

晉卜偃曰期年將有大咎幾亡國國主山川山崩川竭亡國之徵○期音基咎其九反幾音祈又音機疏注國主至之徵○正義曰成五年傳曰國主山川故山崩川竭君爲之不舉周語幽王二年西周三川皆震伯陽父曰昔伊雒竭而夏亡河竭而商亡國必依山川山崩川竭亡國之徵也卜偃明達災異以山崩爲亡國之徵知其將有大咎不言知之意非末學者所得詳也釋例曰天人之際或異而無感或感而不可知沙鹿崩因謂期年將有大咎梁山崩則云山有朽壤而自崩此皆聖賢之讖言達者所宜先識是說卜偃之言非後人所能測

# 邑畫

苦雨白露之類

鄙界上邑

保小城

○孟夏行秋令則苦雨數來五穀不滋申之氣乘之也苦雨白露之類時物得雨傷○數所角反四鄙入保金氣爲害也鄙界上邑小城曰保○疏孟夏至入保○正義曰苦雨數來天災五穀不滋地災四鄙入保人災也行冬令則草木蚤枯長日促○後乃大水敗其城郭亥之氣乘之也疏行冬至城郭○正義曰草木蚤枯地災後乃大水敗其城郭天災此二句共爲一事也行春令則蝗蟲爲災暴風來格寅之氣乘之也必以蝗蟲爲灾者寅有啓蟄之氣行於初暑則當蟄者大出矣格至也○蝗徐華孟反范音橫字林音黃秀草不實氣更生之不得成也疏行春至不實○正義曰蝗蟲爲災及秀草不實地災暴風來格天災也○

勉案：孟夏……秋令則……四鄙入保，注……鄙邑之城曰保

○季冬行秋令則白露蚤降介蟲爲妖戌之氣乘之也九月初尚有白露月中乃爲霜丑爲鼈蟹四鄙入保畏兵辟寒象○辟毗異反疏白露至入保○正義曰白露早降天災介蟲爲妖地災四鄙入保人災○注丑爲鼈蟹○正義曰按陰陽式法丑魚鼈蟹季冬建丑而行秋令丑氣失故云介蟲爲妖○

遷寶

若遷寶則奉之奉猶送也疏若遷寶則奉之○釋曰此遷寶謂王者遷都若平王東遷則寶亦遷天府奉送之於彼新廟之天府藏之

奉猶送也

如故也

都邑

# 社稷

郡都

向義曰郡　以汕郡為[redacted]及郡隨一稱

出於自然和為本頼其郡

正肅

邑有先人丘墓之所因都

公卿大夫當道路之左右祖所　執手菊當道

正祠之日主出要所　求吉錄牒

說畢壽

其在孫札從邊諸御覽道字書下人可五者雜之言（偁）播時
周郡王昭漢古都郡出東爲南出句町
句町句町之鄉去王句鄉可句町至爲字之
言諸其以後出其在字下土王國則以中土出於記
有云句人假敵之西出雕蔡之徵于郡句町
陳句人（偁）之世句人為郎句町之字也
句町年月五日十二字

左哀十五年，齊與衛地，自濟以西，禚、媚、杏以南，書
社五百。賈逵、杜預、服皆云二十五家爲一社，
籍書而致之。
楚昭王將以書社七百封孔子。
史記孔子世家說社稷考　又呂氏春秋高義封
越以書社民之書社三百地皆
百户也。蓋以二十五家爲一社，五百社計
一萬二千五百户。齊與衛地未必如此之大也。

云即下二年注云凡致者臣子喜其君父脫危而至今不致之若其受誅殺故曰奪臣子辭成誅文也○○鄭伯以璧假許田其言以璧假之何據實假不當持璧也易

之也易之則其言假之何為恭也為恭孫之辭使若暫假借之辭○孫音遜易為為恭據取邑不為恭敬辭疏注據取至敬辭○解云即哀八年齊人取

讙及僤之屬是有天子存則諸侯不得專地也許田者何地皆不得專而此獨為恭辭疑非凡邑故更問之魯朝宿之邑也諸

侯時朝乎天子天子之郊諸侯皆有朝宿之邑焉時朝者順四時而朝也緣臣子之心莫不欲朝朝莫夕王者與諸侯別治勢不得自專朝故即位比年使

大夫小聘三年使上卿大聘四年又使大夫小聘五年一朝王者亦貴得天下之歡心以事其先王因助祭以述其職故分四方諸侯為五部部有四輩輩主一時孝經曰四海之內各以其職來助祭尚書曰羣后四朝敷奏以言明試以功車

服以庸是也宿者先誡之辭古者天子邦畿千里遠郊五百里諸侯至遠郊不敢便入必先告至由如他國至竟而假塗也皆所以防未然謹事上之敬也王者以諸侯遠來朝亦加殷勤之禮以接之為告至之須當有所住止故賜邑於遠郊

其實天子地諸侯不得專也桓公無尊事天子之心專以朝宿之邑與鄭背叛當誅故深諱使若暫假借之者不舉假為重復舉上會者方諱言許田不舉會無以起從魯假之也○朝朝上如字下直遙反莫音暮治直吏反背叛音佩凡背叛

十三經注疏　公羊四　桓公元年　十五

之類皆放此○疏注故即位至小聘○解云此孝經說文聘義亦云天子制諸侯比年小聘三年大聘相厲以禮也是與此合○注五年一朝○解云虞傳文○注尚書曰至庸是也○解云此逸書也言羣后四朝者謂諸侯順四時而

朝也敷奏以言者謂諸侯來朝之時偏奏以言語也言明試以功者國功曰功謂明試以國事之功也言車服以庸者民功曰庸若欲賜車服之時以其治民之功高下矣○注宿者先誡之辭○解云宿可以轉訓為肅也是以祭統云先期旬

有一日宮宰宿夫人夫人亦散齊七日致齊三日鄭注云宮宰守宮官也宿讀為肅肅猶戒也戒輕肅重是也此魯朝宿之邑也則曷為謂之許田諱取周田

也諱取周田則曷為謂之許田繫之許也曷為繫之許近許也此邑也其稱田何田多邑

少稱田邑多田少稱邑分別之者古有分土無分民明當察民多少課功德○近附近之近別彼列反疏諱取周田也○解云謂魯人諱取周田而事用之○近許也○又云魯頌云居常與許復周公

之宇以此言之似魯國界內舊自有許何言近許而繫之許也彼注云常許魯南鄙西鄙此在王圻之內則非此許也○田多至稱邑○解云田多邑少稱田者謂邑外之田多邑內家數少如此之時則稱田即此是也言邑多田少稱邑者謂

邑內家數多而邑外之田頃畝少如此之時則稱邑即哀八年齊人取讙及僤是也○注分別至功德○解云知古有分土無分民者正以詩云誓將去汝適彼樂土論語云四方之民襁負其子而至矣皆是樂就有德之義故也○夏

假

桓元

楚秦因遣黃歇歇至楚三月楚頃襄王卒【集解】徐廣曰二十六年太子完立是爲考烈王考烈王元年以黃歇爲相封爲春申君【正義】然四君封邑檢皆不獲嘆平原有地又非趙境並蓋號謚而孟嘗是謚賜淮北地十二縣後十五歲黃歇言之楚王曰淮北地邊齊其事急請以爲郡便因并獻淮北十二縣請封於江東考烈王許之春申君因城故吳墟【正義】虛音墟闔閭今蘇州也於城內小城西北別築城居之今圮毀也又大內北瀆四從五橫至今猶存又攻破楚門爲昌門以自爲都邑

侯患秦攻伐無已時乃相與合從西伐秦【集解】徐廣曰始皇六年而楚王爲從長春申君用事至函谷關秦出兵攻諸侯兵皆敗走楚考烈王以咎春申君春申君以此益疏客有觀津人朱英【正義】觀音館今魏州觀城縣也謂春申君曰人皆以楚爲彊而君用之弱其於英不然先君時善秦二十年而不攻楚何也秦踰黽隘之塞【正義】黽隘之塞在申州黽音盲也而攻楚不便假道於兩周背韓魏而攻楚不可今則不然魏旦暮亡不能愛許鄢陵其許魏割以與秦秦兵去陳百六十里【集解】徐廣曰在許東南臣之所觀者見秦楚之日鬭也楚於是去陳徙壽春而秦徙衛野王作置東郡【正義】濮滑州兼河北置東郡濮州本衛都而徙野王也春申君由此就封於吳行相事

# 都邑

鄉邑

詩左氏引鄉邑之鄙

南宫家

都邑數與

庭國名之

詩宅邑鄉

區畫

社之異說

段注說文卷一社字下

國界

越國鄙遠春秋戰國時甚多

癸巳類稿越國鄙遠義

邑宰呂山

右昭七晉人來治杞田季孫將以成與之謝息為
孟孫守不可……季孫曰吾與子桃……辭以
無山與之萊柞注二山名乃遷于桃

國境

隰地

庚二秉十二

# 都邑

都者國所居也

人所聚曰都

書（重始而終自正故不復書以録事○不復扶又反下同）曷爲先言六而後言鷁（據實石後言五）六鷁退飛記見也視之則六察之則鷁徐而察之則退飛（鷁小而飛高故視之如此事勢然也宋都者宋國所治也人所聚曰都言過宋都者時獨過宋都退飛○所治直吏反）

僖十六

邑鄙

書曰恃德者昌恃力者亡（索隱）此是周書之言孔子所刪之餘君之危若朝露尚將欲延年益壽乎則何不歸十五都（索隱）衛鞅所封商於二縣以爲國其中凡有十五都故趙良勸令歸之（正義）公孫鞅封商於十五邑故云十五都灌園於鄙勸秦王顯巖穴之士養老存孤敬父兄序有功尊有德可以少安君尚將貪商於之富寵秦國之教畜百姓之怨秦王一旦捐賓客而不立朝秦國之所以收君者豈其微哉（索隱）謂鞅於秦無仁恩故秦國之所以將收錄鞅者其効甚明故云豈其微哉亡可翹足

都邑通名

史記商君列傳

秦亡二千年也

了、、、之日不得奉柬不勝翹仰而轉瞬節不可言都

邑

弟子立頓首

啓支

合鈔

蘇秦列傳說魏

地方千里地名雖小然而田舍廬廡之數曾無所芻牧人民之衆車馬之多日夜行不絶輷輷殷殷【正義】輷，虎宏反。殷，音隱。若有三軍之衆臣竊量大王之國不下楚然衡人怵王交彊虎狼之秦以侵天下【正義】衡音横。怵音卹。卒有秦患【正義】卒，音悤忽反。不顧其禍夫挾彊秦之勢以内劫其主罪無過此者魏天下之彊國也王天下之賢王也今乃有意西面而事秦稱東藩築帝宮【索隱】謂爲秦築宮備其巡狩而舍之故謂之帝宮受冠帶祠春秋【索隱】謂冠帶制度皆受秦之春秋貢奉以助秦祭祀臣

# 都會

[illegible]

一万矣臨菑甚富而實其民無不吹竽鼓瑟彈琴擊筑【正義】筑似琴而大頭鬬五絃擊之不鼓鬬雞走狗六博蹋鞠者【集解】駰案劉向別錄曰蹵鞠者傳言黃帝所作或曰起戰國之時蹋鞠兵勢也所以練武士知有材也皆因嬉戲而講練之蹋徒獵反鞠求六反【索隱】王逸注楚詞云博著也行六棊故云六博別錄云蹵鞠者蹵亦蹋也促六反崔豹云起黃帝時習兵之勢也臨菑之塗車轂擊人肩摩連衽成帷舉袂成幕揮汗成雨家殷人足志高氣揚夫以大王之賢與齊之彊天下莫能當今乃西面而事秦臣竊

[illegible]

[illegible]

# 區畫

書社 古處十五

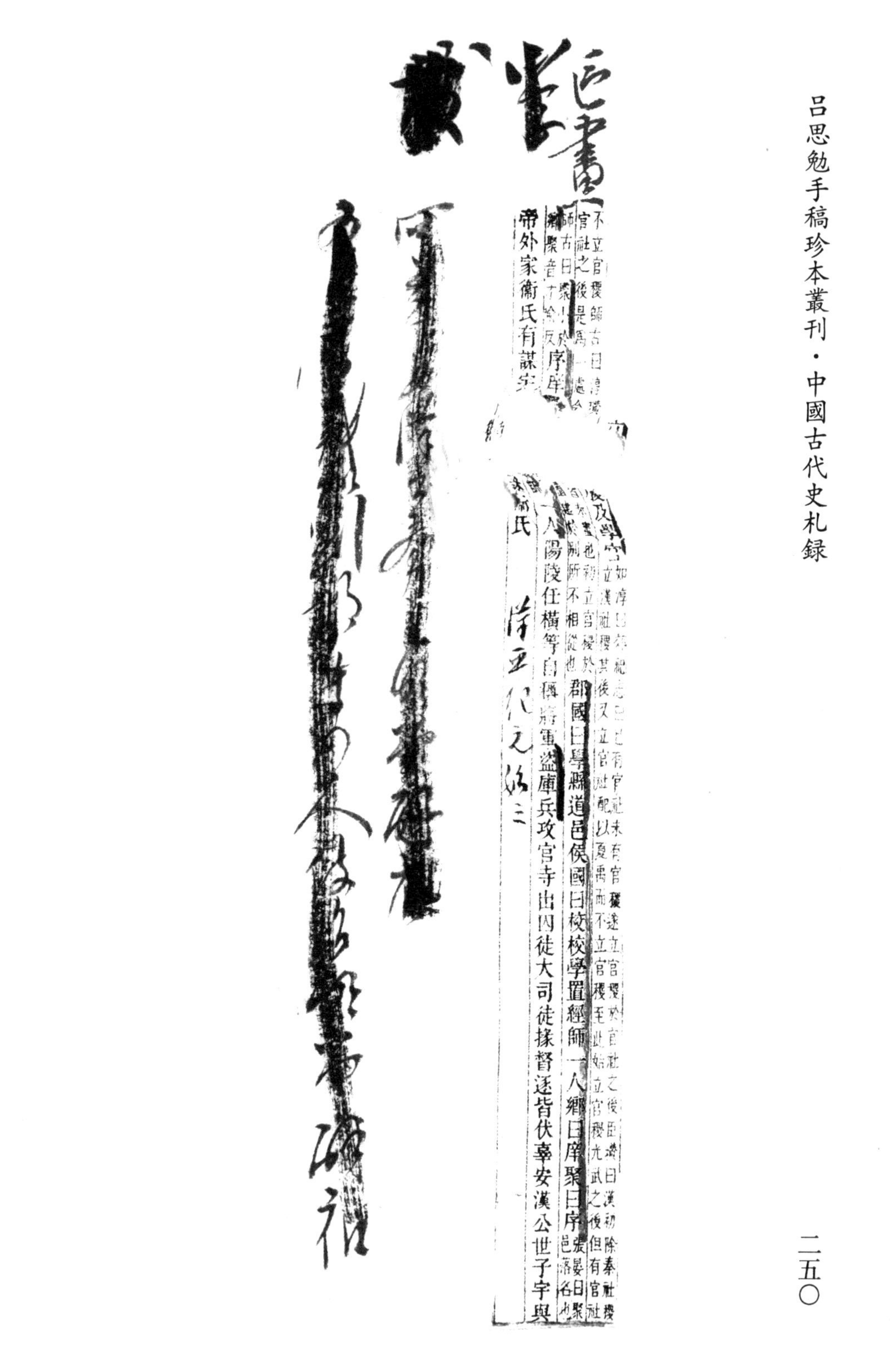

不立官稷師古曰淳瓚
官社之後是爲一處今
師古曰聚小於
聚音才喻反
序庠
帝外家衛氏有謀宗

及學官
如淳曰舊祀志曰已有官社未有官稷遂立官稷於官社之後臣瓚曰漢初除秦社稷
立漢社稷其後又立官社配以夏禹而不立官稷至此始立官稷光武之後但有官社
官稷初立官稷於
郡國曰學縣道邑侯國曰校校學置經師一人鄉曰庠聚曰序
張晏曰聚邑落名也
別所不相從也
一人陽陵任橫等自稱將軍盜庫兵攻官寺出囚徒大司徒掾督逐皆伏辜安漢公世子宇與
衛氏

# 都令

臨菑十萬戶市租千金人衆殷富

巨於長安

主父偃言　史記　鄭孝胥書　[illegible]

[illegible]

二水名○臣浩按二水名應作一名凡十五郡○臣名南按師古無注此以秦地計之於三十六郡中得十五郡也內史一河東二河南河郡三川郡三東郡四潁川五南陽六南郡七蜀郡八巴郡九漢中十隴西十一北地十二上郡十三雲中十史記言內地北距山以東盡諸侯地推之則上黨郡十五也若計高帝所自立之郡則不止於十五矣爲六注謂趙平原真定中山廣川河間也○臣名南按平原應作平干漢世無平原王平干郎武帝征和二後敬肅王小子偃者各本俱訛又按史記注徐廣曰河間廣川中山常山清河也此說較師古爲長齊分爲按三文帝十五年事也趙分爲六至景帝中四年而全梁分爲五則中五年事也師古不數常山清河而數武帝所封之平干真定非是　城陽王三世孝景後六年○宋本監本同按當作後元年景帝後三年即畢安得有後六年乎　菑川王五世孝王橫○橫小宋板作烘　魯共王四世閔○臣名南按閔係頃王子綰封此格宜低一層與文王睃同行古本亦誤　泗水王三世勤王綜○劉攽曰昭紀元鳳元年立戴王遺腹子煖此表作綜二者不同　齊懷王閎○臣名南按齊王名閎不名閎紀傳可証監本及別本俱訛耳

前漢書卷十五上考證

王子侯表上德哀侯廣以兄子封七年八月甍○監本作十年甍凡數目字監本多舛今並以宋本是正　句容哀

已乞

秦本紀十二年（孝公）作為咸陽秦徙都之并諸小鄉聚集為大

縣縣一令四十一縣

# 食邑

隋書高祖紀：開皇六年冬十月，令七大夫以上皆令食邑。

天下將[illegible]者，早令食邑。[illegible]食邑以上

魏書[illegible]中書小子[illegible]

十六年二月詔曰：[illegible]皆出身之王、功臣列侯，乃食邑。[illegible]非列

侯而特蠲

食邑已其

# 書目

「宮七郎之」也近衛將十八人民家精華之」

史記言之詳

後漢書南陽宗說之傳

都会

王夫人者趙人也與衛[illegible]並幸武帝而生子閎閎且立爲王時其母病武帝自臨問之曰子當爲王欲安所置之王

夫人曰陛下在妾又何[illegible]言者帝曰雖然意所欲欲於何所王之王夫人曰願置之雒陽武帝曰雒陽有武庫敖倉



天下衝阨漢國之[illegible]都也[illegible]先帝以來無子王於雒陽者去雒陽餘盡可王夫人不應武帝曰關東之國無大於齊者齊

東負海而城郭大古時獨[illegible]菑中十萬戸天下膏腴地莫盛於齊者矣王夫人以手擊頭謝曰幸甚王夫人死而帝痛

巨查

史記卷一百三

萬石張叔列傳第四十三

萬石君【正義】以父及四子皆二千石故號奮爲萬石君名奮其父趙人也【正義】洺州邯鄲本趙國都姓石氏趙亡徙居溫【正義】故溫城在懷州溫縣三十里漢縣在也高祖東擊項籍過河內時奮年十五爲小吏侍高祖高祖與語愛其恭敬問曰若何有對曰奮獨有母不幸失明家貧有姊能鼓琴高祖曰若能從我乎曰願盡力於是高祖召其姊爲美人以奮爲中涓【正義】顏師古云中涓官名居中而涓潔也如淳曰主通書謁出入命也受書謁徙其家長安中戚里【索隱】小顏云於上有姻戚者皆居其里爲戚里長安記戚里在

姊爲美人故也

都邑

僅數千人諸客求宦爲𡛺
秦孝文王陵在雍州萬
年縣東北二十五里
故夏太后獨別葬杜東

人千餘人始皇七年莊襄王母夏太后薨孝文王后曰華陽太后與孝文王會葬壽陵【正義】秦莊
子莊襄王葬芷陽【索隱】芷音止地理志云京兆霸陵縣故芷陽案在長安東也【正義】
襄陵在雍州新豐縣西南二十五里始皇在北故俗亦謂之見子陵
原之東也【正義】夏太后
年縣東南三十五里
曰東望吾子西望吾夫後百年旁當有萬家邑【索隱】宣帝元康元年起杜陵漢舊儀

史記呂不韋列傳

太史公曰吾如淮陰淮陰人爲余言韓信雖爲布衣時其志與衆異其母死貧無以葬然乃行營高敞地令其旁可置萬家
余視其母冢良然假令韓信學道謙讓不伐己功不矜其能則庶幾哉於漢家勳可以比周召太公之徒後世血食矣不務
出此而天下已集乃謀畔逆夷滅宗族不亦宜乎
【索隱述贊】君臣一體自古所難相國深薦策拜登壇沉沙
決水拔幟傳餐與漢漢重歸楚楚安三分不議僞遊可嗟

史記卷九十二

淮陰侯列傳

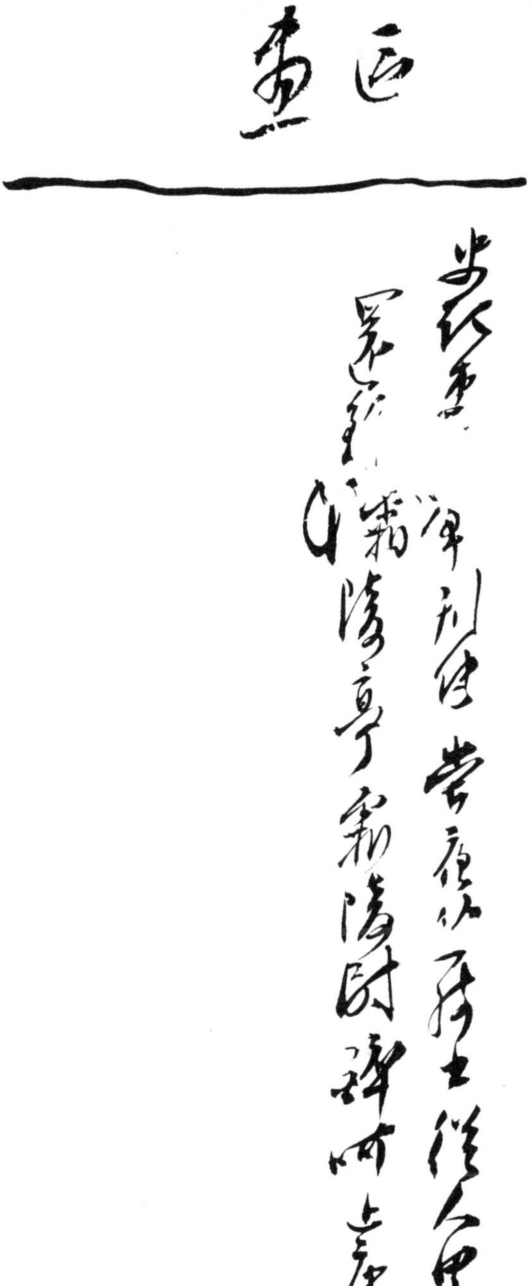

漢書

建昭元年春三月上幸雍祠
今之蠶蛾類也音五何反
紀○宋祁曰顔注南本書
二年春正月行幸甘泉郊
爲信都王○宋祁曰興子據表
博魏郡太守京房坐窺道

秋八月有白蛾羣飛蔽日從東都門至枳道如淳曰三輔黃圖長安城東面北頭門號曰宣平城門其外郭曰東都門也師古曰蛾若蠶
枳道解在高成紀二字冬河間王元有罪廢遷房陵罷孝文太后孝昭太后寢園
三月行幸河東祠后土益三河大郡太守秩戶十二萬爲大郡夏四月赦天下六月立皇子興
閏月丁酉太皇太后上官氏崩冬十一月齊楚地震大雨雪師古曰雨音于具反樹折屋壞淮陽王舅張
王以邪意漏泄省中語師古曰道讀曰導博要斬房棄市

漢书之紀

內郡舉方正北邊二二郡舉勇猛士　五月鳳皇集膠東

者也晉灼曰凡職在京師者也師非也中都官謂在京師諸官也宦以

關內侯矣　賜天下人爵各一級孝者

其議謚置園邑語在太子傳秋

元延元年春正月己亥朔日

星孛于東井詔曰迺者日蝕

夫博士議郎其各悉心惟思變意明

郡國共舉人　北邊二十二郡舉勇猛知兵法者各一

夏四月庚午地震詔內郡國舉文學高第各一人　韋昭曰中國為內郡緣邊有鄣塞者為外郡成帝時

粢盛天下賜吏二千石諸侯相下至中都官宦吏六百石爵各有差　如淳曰中都官宦吏奄人為吏

一說皆官也　自左更至五大夫　師古曰左更第十二爵也五大夫第九爵也更音工衡反○劉敞曰案此賜爵以中二千石者錄王即位九侯率已為

百戶牛酒租稅勿收六月詔曰故皇太子在湖未有號謚　師古曰湖縣名也死於湖因即葬焉　歲時祠

立燕剌王太子建為廣陽王　師古曰剌音來曷反　立廣陵王胥少子弘為高密王

月行幸雍祠五時夏四月丁酉無雲有雷聲光耀耀四面下至地昏止赦天下秋七月有

星隕謫　見于天大異重仍　師古曰仍頻也重音直用反　在位默然罕有忠言今孛星見于東井朕甚懼焉公卿大

以經對無有所諱與內郡國舉方正能直言極諫者各一人　師古曰令公卿與內郡國各舉一人○宋祁曰注文南本作內

人封蕭相國後喜為酇侯○宋祁曰喜字唐本南本並作嘉子據表傳作嘉是　冬十二月辛亥大司馬大將

卿五大夫。傳云五家，故云五大夫。以爵言大夫，其數亦多，又直云五，此據與國事此言之。本云命卿，此戎從君出，戎雖在國而守，攝主庫吏者，三名猶不專主一事，故亦不顯言命卿。此命此謂戒勑以所掌之事也。

古制

太宰六典

六典即六官之職

太宰之職　六典八法八則八柄八統九職九賦

九式九貢九兩言政　正月之吉始和布治……

手讀

冬官之亡

大宰之職掌建邦之六典以佐王治邦國一曰治典以經邦國以治官府以紀萬民二曰教典以安邦國以教官府以擾萬民三曰禮典以和邦國以統百官以諧萬民四曰政典以平邦國以正百官以均萬民五曰刑典以詰邦國以刑百官以糾萬民六曰事典以富

十三經注疏　周禮二　天官冢宰　六

邦國以任百官以生萬民　大曰邦小曰國邦之所居亦曰國典常也經也灋也王謂之禮經常所秉以治天下也邦國官府謂之禮灋常所守以為灋式也常者其上下通名擾猶馴也統猶合也

詰猶禁也書曰度作詳刑以詰四方任猶倳也生猶養也鄭司農云治典冢宰之職故立其官曰使帥其屬而掌邦治以
佐王均邦國教典司徒之職故立其官曰使帥其屬而掌邦教以佐王安擾邦國禮典宗伯之職故立其官曰使帥其屬
而掌邦禮以佐王和邦國政典司馬之職故立其官曰使帥其屬而掌邦政以佐王平邦國刑典司寇之職故立其官曰
使帥其屬而掌邦禁以佐王刑邦國此三時皆有官唯冬無官又無司空以三隅反之則事典司空之職也司空之篇亡
小宰職曰六曰冬官其屬六十掌邦事○邦國于云國天子諸侯所理也邦疆國之境治典直吏反注下治典邦治治官
治職之治皆同擾而小反鄭而昭反徐李尋倫反諧戸皆反詰起一反禁也于云彈正糾察也馴似倫反度待洛反倳側
吏反下同 疏 大宰至以生萬民○釋曰自此以下至職末分爲二段從此職首至以富得民一段十條明經國之大綱
猶立也 治政之條目自正月之吉以下至職末明須宜前灋依事而施言掌建邦之六典者謂大宰總御羣職故
六典俱建也以佐王治邦國者以六典是王執治邦國王不獨治故云佐王也一曰治典以經邦國至六曰事典皆云邦
國者邦國皆謂諸侯之國但治典云經者所以經紀爲名故云經教典云安者地道主安故云安禮典云和者禮之用和
爲貴故云和政典云平者司馬主六軍以平定天下故云平刑典云詰者以其刑者有所詰禁天下故云詰事典云富者
作事所以富國家故云富也又治典教典云官府禮典已下四典皆云百官者尊天地二官不局其數故不云百官而云
官府也若然六官其屬各六十得稱百官者擧全數故云百官也且天官言治官府地官云教官府夏官云以正百官秋
官云刑百官皆依本職而言之至於春官主禮不可云禮百官禮所以統叙萬事故云統百官也冬官不可云事百官故
變事云任任謂任使任使即事也又天官主治治所以紀綱天下故云紀萬民也地道主民故云擾萬民擾則馴順之義
也春官主禮禮所以諧和故云諧萬民夏官主政九畿職方制其貢有貢賦之事故云均萬民秋官主刑刑者所以糾正
天下故云糾萬民也冬官主事作事者所以生養萬民故云生萬民也然天子曰兆民諸侯曰萬民此天子之禮不言兆
民而言萬民者但兆民據天子而言之今言萬民以畿外封諸侯惟有畿內不封故以畿內據近而言○注大曰至掌邦
事○釋曰周禮凡言邦國者皆是諸侯之國此言大曰邦小曰國者止據此文邦在上國在下故爲此解案儀禮覲禮云
同姓大國異姓小邦則邦國大小通也又云邦之所居亦曰國即據王國而言故上云惟王建國匠人營國方九里與典
命國家皆是邦之所居亦曰國也又云典常也經也灋也者爾雅釋詁云典常也孫氏云禮之常也釋言云典經也又云
灋者以其經常者即是法式又云王謂之已下鄭所解也云王謂之禮經常所秉以治天下也者凡言經者以經紀天下
故王言禮經常所秉以治天下也云邦國官府謂之禮法者凡言灋者下灋於上故邦國官府謂之禮灋常所守以爲灋
式也云常者上下通名者經據在上灋據在下至於王與邦國官府俱有常義故云常者上下通名也又云擾猶馴也者
案地官注訓擾爲安此言馴不同者馴是順之義順即安義亦通也云統猶合也者統者相統同故爲合詰猶禁也者弟
詰即禁止之義也引尚書曰度作詳刑以詰四方此尚書呂刑文是呂侯訓夏贖刑以詳審詰禁四方引證詰爲禁之義
也云任猶倳也者倳猶立也東齊人物立地中爲倳蒯通說范陽令曰天下之人所以不敢倳刃於公之腹者畏秦灋也
欲使百官皆立其功也云生猶養也者若直云生萬民則諸官皆生萬民彼何異也於義不安故轉爲養冬官主土地所
以養民故也云鄭司農云治典冢宰之職者及下教典司徒之職禮典宗伯之職六典皆言之職此並是序官之下次有
此文故立其官曰使帥其屬而掌邦治此以下六者皆是六官之首有此文司農揔引以釋六典也云此三時皆有官唯
冬無官者謂各六十官唯冬無云無司空者對餘官有大宰司徒宗伯司馬司寇此則無司空卿也云以三隅反之者凡
物不圓則方方則四隅既有三隅明有四隅以言既有春夏秋三時之官明有冬時之官可知則事典司空之職是也云
司空之篇亡者謂六國時亡其時以考工記
代之引小宰職者欲見當有冬官之屬也

# 官制

君臣之始　官位尊卑之緒

上古已設官制

## 周禮正義序

唐朝散大夫行太學博士弘文館學士臣賈公彥等奉　勅撰

夫天育蒸民無主則亂立君治亂事資賢輔但天皇地皇之日無事安民降自燧皇方有臣矣是以易通卦驗云天地成位君臣道生君有五期輔有三名注云三名公卿大夫又云燧皇始出握機矩表計寘其刻曰蒼牙通靈昌之成孔演命明道經注云拒燧皇謂人皇在伏羲前風姓始王天下者斗機云所謂人皇九頭兄弟九人別長九州者也是政教君臣起自人皇之世至伏羲因之故文耀鉤云伏羲作易名官者也又案論語撰考云黄帝受地形象天文以制官伏羲已前雖有三名未必具立官位至黄帝名位乃具是以春秋緯命麻序云有九頭紀時有臣無官位尊卑之別燧皇伏羲既有官則其間九皇六十四民有官明矣但無文字以知其官號也案左傳昭十七年云秋郯子來朝公與之宴昭子問焉曰少皞氏鳥名官何故也杜氏注云少皞金天氏黄帝之子已姓

之祖也郯子曰吾祖也我知之昔者黄帝氏以雲紀故爲雲師而雲名注云黄帝軒轅氏姬姓之祖也黄帝受命有雲瑞故以雲紀事百官師長皆以雲爲名號縉雲氏蓋其一官也炎帝氏以火紀故爲火師而火名注云炎帝神農氏姜姓之祖也亦有火瑞以火紀事名百官也共工氏以水紀故爲水師而水名注云共工以諸侯霸有九州者在神農前大皞後亦受水瑞以水名官也大皞氏以龍紀故爲龍師而龍名注云大皞伏羲氏風姓之祖也有龍瑞故以龍命官也我高祖少皞摯之立也鳳鳥適至故紀於鳥爲鳥師而鳥名又云鳳鳥氏歷正之類又以五鳥五鳩九扈五雉並爲官長亦皆有屬官但無文以言之若然



則自上以來所云官者皆是官長故皆云師以目之又云自顓頊以來不能紀遠乃紀於近是以少皞以前天下之號象其德百官之號象其徵顓頊以來天下之號因其地百官之號因其事事即司徒司馬之類是也若然前少皞氏言祝鳩氏爲司徒者本名祝鳩言司徒者以後代官況之自少皞以上官數略如上説顓頊及堯官數雖無明説可略而言之矣案昭二十九年魏獻子曰社稷五祀誰氏之五官蔡墨對曰少皞氏有四叔曰重曰該曰脩曰熙實能金木及水使重爲句芒該爲蓐收脩及熙爲玄冥世不失職遂濟窮桑此其三祀也注云窮桑帝少皞之號也顓頊氏有子曰犂爲祝融共工氏有子曰句龍爲后土

此其二祀也后土爲社稷田正也有烈山氏之子曰柱爲稷自夏以上祀之周棄亦爲稷自商以來祀之故外傳犂爲高辛氏之火正此皆顓頊時之官也案鄭語云重犂爲高辛氏火正故堯典注高辛氏之世命重爲南正司天犂爲火正司地以高辛與顓頊相繼無隔故重犂事顓頊又事高辛若稷契與禹事堯又事舜是以昭十七年服注顓頊之下云春官爲木正夏官爲火正秋官爲金正冬官爲水正中官爲土正高辛氏因之故傳云遂濟窮桑窮桑顓頊所居是度顓頊至高辛也若然高辛時之官唯有重犂及春之木正之等不見更有餘官也至於堯舜官號稍改楚語云堯復育重犂之後重犂之後即義和也是以堯典云乃命義和注云高辛之世命重爲南正司天犂爲火正司地堯育重犂之後義氏和氏之子賢者使掌舊職天地之官亦紀於近命以民事其時官名蓋曰稷司徒是天官稷也地官司徒也又云分命義仲申命義叔分命和仲申命和叔使分主四方注仲叔亦義和之子堯既分陰陽四時又命四子爲之官掌四時者字曰仲叔則掌天地者其曰伯乎是有六官案下驩兜曰共工注非工水官也至下舜求百揆禹讓稷契暨咎繇帝曰棄黎民阻饑汝后稷播時百穀注稷棄也初堯天官爲稷又云帝曰契百姓不親汝作司徒又云帝曰咎繇汝作士此三官是堯時事舜因禹讓述其前功下文云舜命伯夷爲秩宗舜時官也以先後參之唯無夏官之名以餘官約之夏傳云司馬在前又後代況之

則義叔爲夏官是司馬也故分命仲叔注云官名蓋春爲秩宗夏爲司馬秋爲士冬爲共工通稷與司徒是六官之名見也鄭玄分陰陽爲四時者非謂時無四時官始分陰陽爲四時但分高辛時重黎之天地官使兼主四時耳而云仲叔故云掌天地者其曰伯予若然堯典云伯禹作司空四時官不數之者鄭云初堯冬官爲共工舜舉禹治水堯知其有聖德必成功故改命司空以官名寵異之非常官也至禹登百揆之任捨司空之職爲共工與虞故曰垂作共工益作朕虞是也案堯典又云帝曰疇咨若時登庸鄭注云堯末時羲和之子皆死庶績多闕而官廢當此之時驩兜共工更相薦舉下又云帝曰四岳湯湯洪水有能俾乂鄭云四岳四時之官主四岳之事始羲和之時主四岳者謂之四伯至其死分岳事置八伯皆王官其八伯唯驩兜共工放齊鯀四人而已其餘四人無文可知案周官云唐虞稽古建官惟百内有百揆四岳則四岳之外更有百揆之官者但堯初天官爲稷至堯試舜天官之任謂之百揆舜即眞之後命禹爲之即天官也案尚書傳云惟元祀巡狩四岳八伯注云舜格文祖之年堯始以羲和爲六卿春夏秋冬者并掌方岳之事是爲四岳出則爲伯其後稍死驩兜共工求代乃置八伯元祀者除堯喪舜即眞之年九州言八伯者據畿外八州鄭云畿内不置伯鄉遂之吏主之案明堂位云有虞氏官五十夏后氏官

百殷二百周三百鄭注云有虞氏官蓋六十夏百二十殷二百四十周三百六十不得如此記也昏義云三公九卿二十七大夫八十一元士鄭云蓋夏制依此差限故不從記文但虞官六十唐則未聞堯舜道同或皆六十并屬官言之則皆有百故成王周官云唐虞建官惟百也若然自高陽已前官名略言於上至於帝嚳官號略依高陽不可具悉其唐虞之官惟四岳百揆與六卿又堯典有典樂納言之職至於餘官未聞其號夏官百有二十公卿大夫元士具列其數殷官二百四十雖未具顯案下曲禮云六大五官六府六工之等鄭皆云殷法至於屬官之號亦蔑云焉案昏義云三公九卿者六卿并三孤而言九其三公又下兼六卿故書傳云司徒公司馬公司空公各兼二卿案顧命太保領冢宰畢公領司馬毛公領司空别有芮伯爲司徒彤伯爲宗伯衛侯爲司寇則周時三公各兼一卿之職與古異矣但周監二代郁郁乎文所以象天立官而官益備此即官號沿革粗而言也

發碳

「作手人臨蒼名一百六十夫」
出訊用勞力 總書在三千六十夫室

以八則治都鄙一曰祭祀以馭其神二曰灋則以馭其官三曰廢置以馭其吏四曰祿位以馭其士五曰賦貢以馭其用六曰禮俗以馭其民七曰刑賞以馭其威八曰田役以馭其衆都之所居曰鄙則亦法也典法則所用異異其名也都鄙公卿大夫之采邑王子弟所食邑周召毛聃畢原之屬在畿內者祭祀其先君社稷五祀法則其官之制度廢猶退也退其不能者舉賢而置之祿若今月奉也位爵次也賦口率出泉也貢功也九職之功所稅也禮俗昏姻喪紀舊所行也鄭司農云士謂學士○馭魚慮反賦貢于云賦上之所求於下貢下之所納於上采音菜召上照反聃乃甘反奉符用反本或作俸率徐劉音類戚音律一音所律反下同稅舒銳反

疏　以八至其衆○釋曰則亦灋也以八則治三等采地之都鄙也一曰祭祀以馭其神者采地之中祭祀宗廟社稷五祀下注云凡云馭者所以敺之內之於善則於祭祀之中宗廟先祖則無可去取至社稷配食者若取句龍后稷上功有功是內之善也○一曰灋則以馭其官者灋則謂官之制度制度與在官爲法則使不僭差亦所以敺之使入善也○三曰廢置以馭其吏者謂有罪則廢退之有賢則舉置而贊之亦所以敺人於善也○四曰祿位以馭其士者士謂學士學士有賢行學業則詔之以爵位祿賞亦是敺之於善也○五曰賦貢以馭其用者采地之民口率出泉爲賦有井田之法一夫之田稅入於官官得之節財用亦是使人入善故云以馭其用也○六曰禮俗以馭其民者俗謂昏姻之禮舊所常行者爲俗還使民依行使之入善故云以馭其民○



七曰刑賞以馭其威者謂有罪刑之有功賞之使人入善畏威故云以馭其威○八曰田役以馭其衆者謂采地之中得田獵使役於民皆當不奪農時使人入善故云以馭其衆也據此文則卿大夫得田獵而春秋左氏傳鄭大夫豐卷請田子産不許者彼常田之外臨祭取鮮唯人君耳大夫唯得常田故禮云大夫不掩羣亦是常田豐卷亦僭取鮮故子産云唯君用鮮明大夫不合也○注都之至學士○釋曰上言邦國則諸經有邦國別言之者故解爲大曰邦小曰國此采地云都鄙諸文無或言都或言鄙別號故鄭云都之所居曰鄙大司徒云凡造都鄙鄭云其界曰都鄙所居也春秋傳曰遷鄭焉而鄙留是鄙所居不遷也云則亦法也典法則所用異異其名也者謂典法則三者相訓其義既同但邦國言典官

府言法都鄙言則是所用處異故別言之其實義通也云都鄙公卿大夫之采邑者載師職云家邑任稍地則大夫之采也小都任縣地則六卿之采也大都任畺地則三公之采也云王子弟所食邑者親王子母弟與公同處而百里次疏者與六卿同處而五十里次疏者與大夫同處二十五里案禮記禮運云天子有田以處其子孫鄭注中庸云同姓雖恩不同義必同也尊重其祿位所以貴之不必授以官守然則王子母弟雖食采也未必別有官有官則依公卿大夫食邑不假別言也云周召毛聃畢原之屬者僖二十四年左傳召穆公云管蔡郕霍魯衛毛聃郜雍曹滕畢原豐郇文之昭也邘晉應韓武之穆也今鄭直云周召毛聃畢原之屬在畿內者其餘或在畿外故不盡言也引之者證王子弟有采邑也云祭祀其先君社稷五祀者案孝經大夫章不云社稷則諸侯卿大夫也若王子母弟及三公稱諸侯者五廟五祀三祀三稷故云祀先君社稷五祀也云法則其官之制度者謂宮室車旗衣服之等皆不得僭也云祿若今月奉也者古者祿皆月別給之漢之月奉亦月給之故云若今月奉也云位爵次也者言朝位者皆依爵之尊卑爲次則經云位據立故云爵次也云賦口率出泉也者下文九職九賦職賦相繼而言故知賦即九賦口率出泉也云貢功也九職之功者亦約下文言九賦上言九職九職任之九賦斂之是以大府云九賦九功九功即九職之功故鄭於此以貢爲功是九職之功出稅也云禮俗昏姻喪紀者曲禮云君子行禮不求變俗若不醴醮用酒是其一隅也云鄭司農云士謂學士者經云祿位以馭其士使進受祿位故知士學士也

司勳上士二人下士四人府二人史四人胥二人徒二十人故書勳作勛鄭司農云勛讀爲勳勳功也此官主功賞故曰掌六鄉賞地之法以等其功○勛香云反劉音訓【疏】司勳至十八○釋曰此已下六十官以大司馬主軍法所有軍事及武勇官爵賞賚整齊之等皆屬焉序官前後亦不據尊卑直取事急者居前事緩者居後是以司勳及馬質已下皆士官而居前射人諸子司士之等大夫官而居後也但司馬主征伐軍無賞士不往凡軍以賞爲先故僖二十八年秋七月晉文公獻俘授馘飲至大賞武王入殷封功臣謀士師尚父爲首故司勳列位在前上士二人爲官下士四人爲之佐府二人主藏文書史四人作文書胥二人爲十長徒二十人給徭役○注故書至其功○釋曰先鄭不從古書勛而從勳者勛是古字從今之勳也云掌六鄉賞地之法以等其功者司勳職文

司勳掌六鄉賞地之灋以等其功賞地賞田也在遠郊之內屬六鄉等猶差也以功大小爲差【疏】注賞地至爲差○釋曰知賞地是賞田在遠郊之內者以載師職云牛田賞田任遠郊之地故知也知屬六鄉者以其遠郊內置六鄉故也云以功大小爲差者以下文云輕重視功則賞地大小不定故知以功大小爲差

王功曰勳輔成王業若周公【疏】輔成王業若周公○釋曰知據王業若以其言王繼王身而言明據王之位業而說耳以周公攝政相幼君致大平還政成王是輔成王業之事故以周公託之但經之所云不得專爲周公伊尹之等故皆云若此擬之耳

國功曰功保全國家若伊尹【疏】注保全國家若伊尹○釋曰鄭知保全國家者以其言國繼國而言故知是保全國家者也以伊尹比之者以湯時天下太平湯崩孫太甲即位不明政事伊尹爲數篇書以諫之諫既不入乃放之桐宮三年思庸復歸於亳國家得全故以伊尹擬之耳

民功曰庸法施於民若后稷【疏】注施於民若后稷釋曰知法施於民者以其言民繼民言之先王之業以農爲本以后稷比之者周之先祖棄爲堯之稷官農人植嘉穀天下爲烈豈一手一

足哉庸亦功也以法施於民有功故以后稷擬之 事功曰勞 以勞定國若禹 疏 注以勞定國若禹。釋曰知以勞定國者以其言勞據勤勞施國而言堯遭洪水下民昏墊國家不定命禹治之手足胼胝三過門不入溺成五服國乃獲安故以禹擬之也 治功曰力 制法成治若咎繇。治直吏反注同咎音羔繇音遥 疏 注制法成治若咎繇。釋曰以其言治言力故知制法成治出其謀力按虞書帝謂咎繇云蠻夷猾夏寇賊姦宄汝作士五刑有服是咎繇制其刑法國家治理故以咎繇擬之 戰功曰多 尅敵出奇若韓信陳平司馬法曰上多前虜 疏 注尅敵至前虜。釋曰知多是尅敵出奇者以其言多是於衆之中比校多少之事故知是尅敵出奇比彼爲多者也漢之二將是尅敵出奇之人故以擬之耳云司馬法曰上多前虜者彼亦是戰以功多爲上居於陳前虜獲俘囚故引以證多爲戰功者也此上六者皆對文爲義若散文則通是以春秋左氏云舍爵策動彼戰還而飲至不云舍爵策多是通也明堂位云周公爲有勳勞於天下是周公德大有勳兼勞者也 凡有功者銘書於王之大常祭於大烝司勳詔之 銘之言名也生則書於王旗以識其人與其功也死則於烝先王祭之詔謂告其神以辭也盤庚告其卿大夫曰茲予大享于先王爾祖其從與享之是也今漢祭功臣於廟庭。識音志盤步干反與音預 疏 凡有至詔之。釋曰凡有功謂上六者故云凡以該之使司勳詔之者以其司勳知功之有無大小故也詔之謂詔司常書之又以辭使者官告神。注銘之至廟庭。釋曰言生則書於王旗以識其人與其功也者以王建大常故云王旗必於王旌識功與人者王旌車上建之就旌上書之欲取表顯示人故也引盤庚告其卿大夫者盤庚殷王欲遷往亳殷臣民有不肯者故告之云我不掩爾善所以者何茲予大享於先王之時爾祖其從先王與在享祭之中況爾見在不掩可知何不從我遷乎引漢法欲見古者祭功臣在廟庭也必祭功臣在冬之蒸祭者蒸者衆也冬時物成者衆故祭功臣按彼書注以大爲蒸嘗者此舉冬祭物成者衆而言其實時亦祭之也或可周時直於蒸時祭功臣殷時蒸嘗俱祭禮異故也 大功司勳藏其貳 貳猶副也功書藏于天府又副于此者以其主賞 疏 注貳猶至主賞。釋曰鄭知功書藏於天府者天府職文也 掌賞地之政令 政令謂役賦 疏 注政令謂

十三經注疏 周禮三十 夏官司馬 十二

役賦。釋曰鄭以政爲征征稅也賞地在六鄉之內亦從溝洫貢天子法其民亦從鄉之徭役之法 凡賞無常輕重眡功 無常者功之大小不可豫 疏 注無常至可豫。釋曰賞地在遠郊之內有疆界未給者空之待有功乃隨功大小給之故云不可豫也 凡頒賞地參之一食 鄭司農云不以美田爲采邑玄謂賞地之稅參分計稅王食其一也二全入於臣 疏 注鄭司至於臣。釋曰先鄭意以參之一食者謂以下地可食三之一似下地再易家得三頃歲穡一頃食之故云不以美田爲采邑又以賞田與采邑爲一物後鄭不從者不以美田爲采邑亦無文以言之又按載師職家邑任稍地小都任縣地大都任疆地自三百里已外爲之其賞田任在遠郊之內何得爲一物故鄭不從也後鄭云賞地之稅參分計稅王食其一也二全入於臣者采地之稅四之一與小國入天子同今賞田三之一一分入天子與次國三之一入天子同 惟加田無國正 加田既賞之又加賜以田所以厚恩也鄭司農云正謂稅也祿田亦有給公家之賦貢若今時侯國有司農少府錢穀矣獨加賞之田無正耳。正音征注同本亦作征少詩照反 疏 惟加田無國正。釋曰言無國正無稅入

天子法其民出稅入主則有之但加田未知所在或可與賞田同處以其仕田在近郊加田在遠郊可知也○注加田至正耳○釋曰知加田既賞之又加賜以田者以其文承賞田之下即云加田故知賞田之外所加賜之田可知先鄭云祿田亦有給公家之賦貢舉漢法侯國有司農少府錢穀者漢法穀入司農錢入少府故舉以爲況祿田即采地之稅及賞田之等是也加田是加恩厚又不稅入天子凡大夫士賜地有四種大夫己上有采家邑任稍地之等是也又有賞田及加田載師又有仕田及王制圭田圭田即仕田是有四種禮記王制云大夫士有田則祭無田則薦少牢。特牲是大夫有田者是知士亦有田之法也

官制

僕人 大師

諸侯之僕人服權 大師服垣

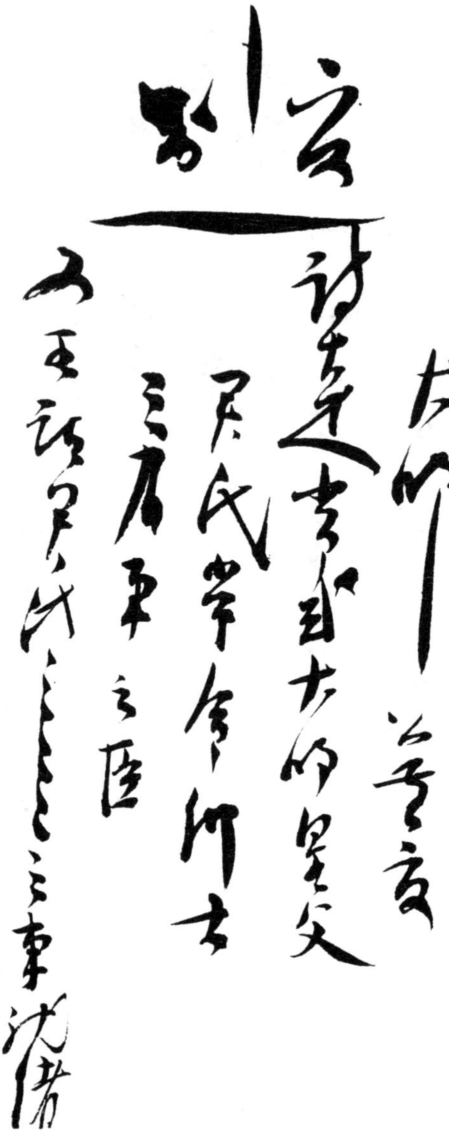

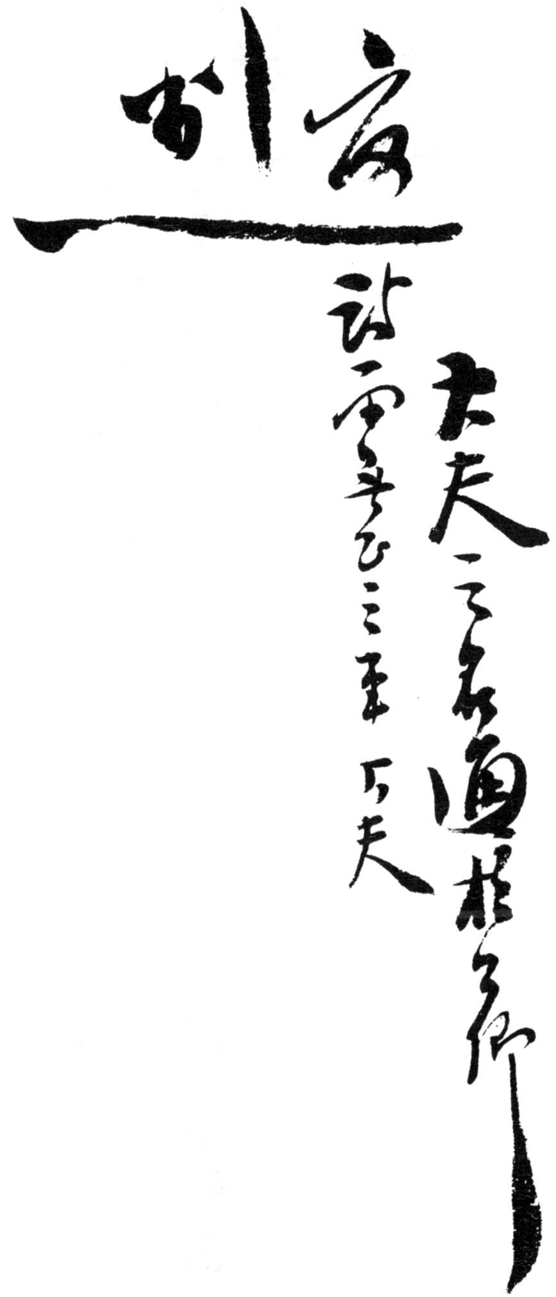

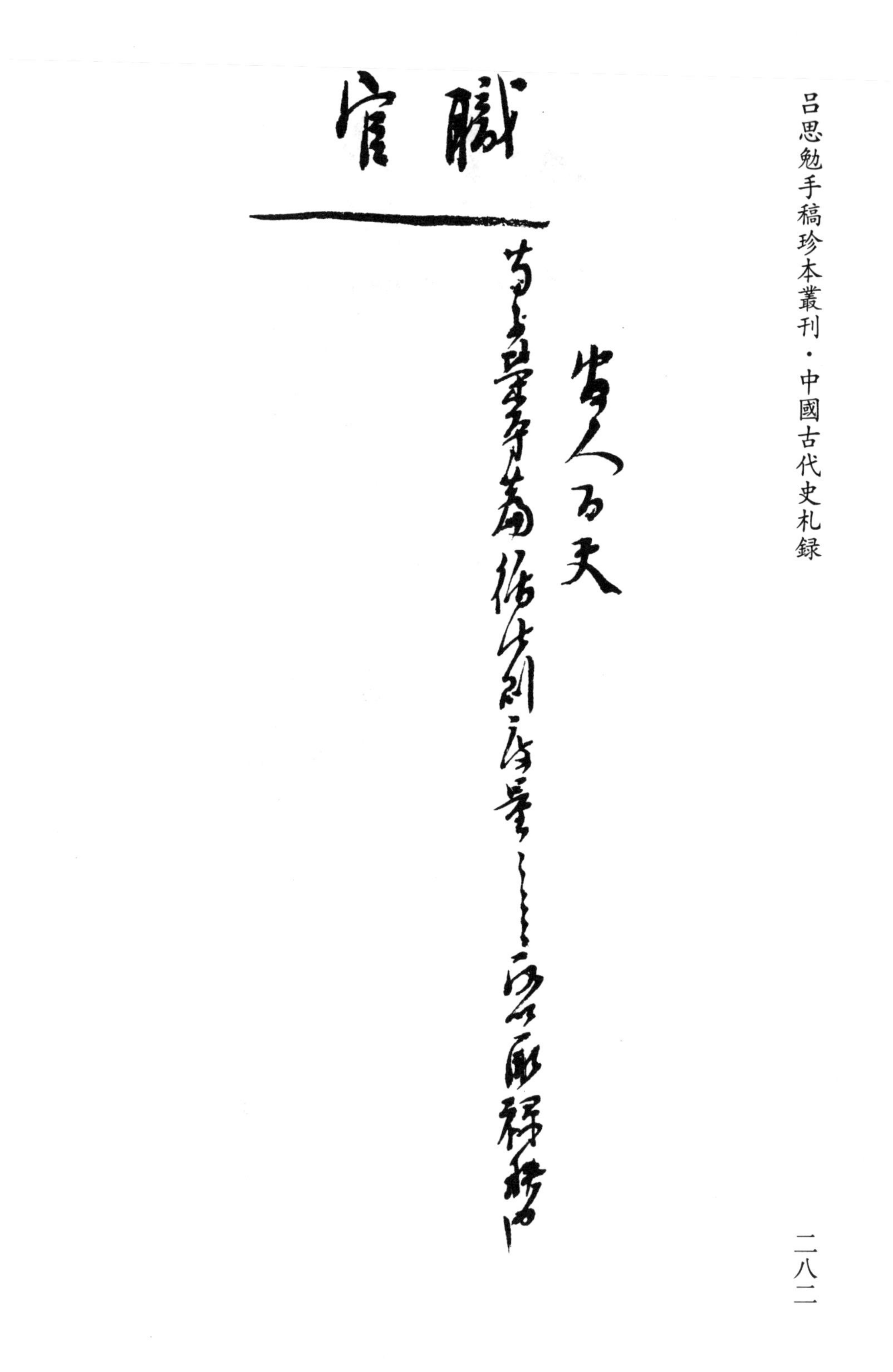

# 官職

官人百夫

[illegible]

右 確

「同令之家尚方攝將形主其研名戟象之文官

治例十五順諮蔭

謦所厚以臧芝泉

勉棄此外同時 遠但歎

商宦為 又十六遣尾為

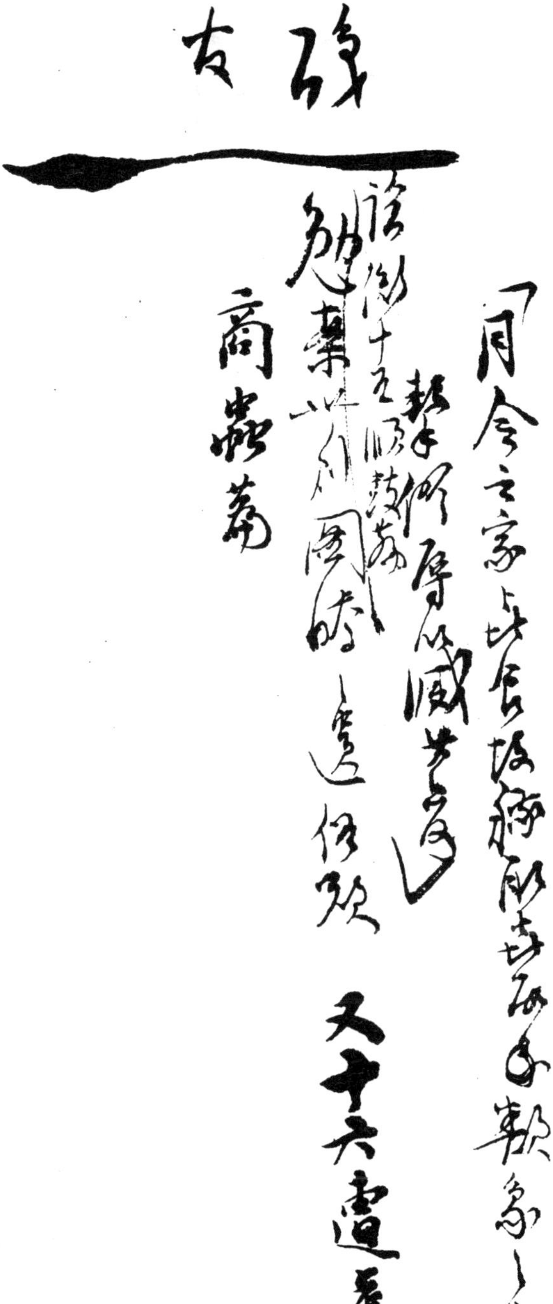

# 省務

韓非問田篇曰节

屯伯

[illegible]友

大理　大府　大田　大司馬　諫院

轉州郡併存下　植以向審無去

[illegible]司上中下大夫　二典二乘　御名居[illegible]車

大宗伯和曾案

廷理

在上下列[illegible]節向[illegible]

[illegible]帶翰林學[illegible]代[illegible]官之職

王宮[illegible]

僕射

補廿
後漢書百官第二条
「將」以古當之」，注「將」以當而受任以別貴之
相將去之」
補此關係說上「僅二」著其陽名陪將以一本為言
名二字
御史
勉案：說「法」「將」以主以道之人」
又卜皮的好合集

殘發

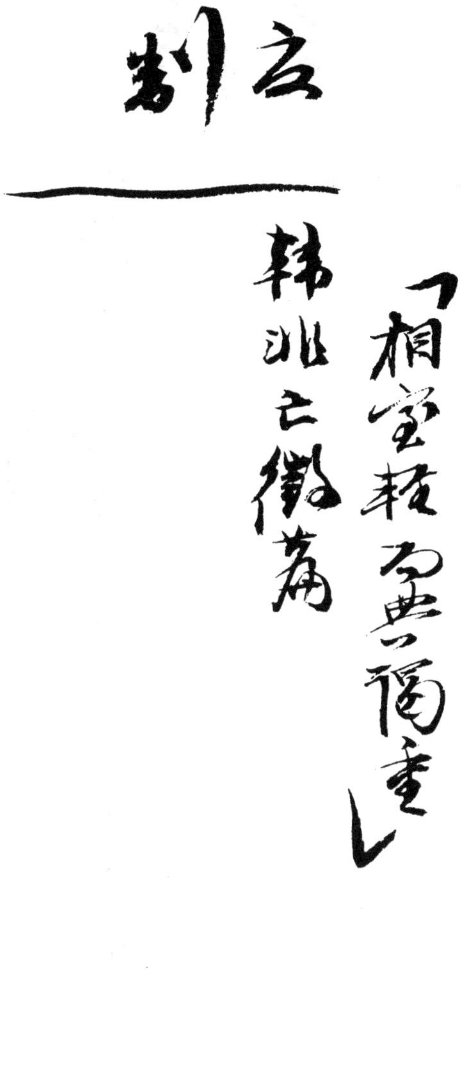
立制
相室楷書獨重
韓兆已徵薦

韓安

屛簡

蘇州陽穆生當西田侯年節

发碻

三雅庵

蘇子謙□□有建此望□

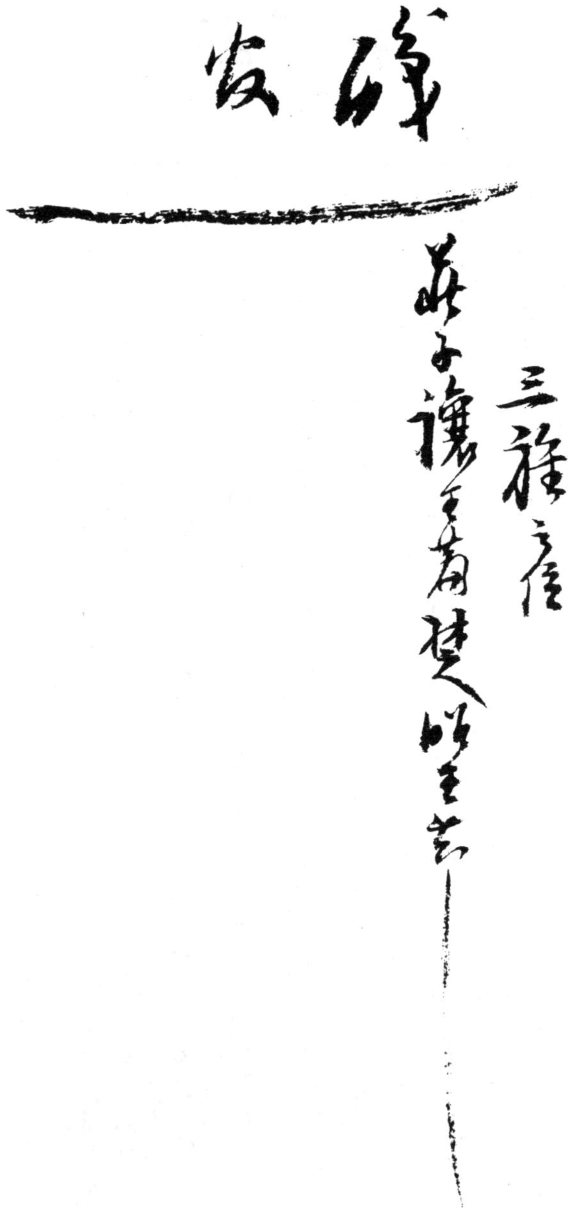

# 職官

然後聖人聽其言迹其行察其所能而慎予官此謂事能（事與使同詳上篇上文作使能）故可使治國者使治國可使長官者使長官可使治邑者使治邑凡所使治國家官府邑里此皆國之賢者也賢者之治國也（畢云國下一本有家字 詒讓案道藏本國下有者字）蚤朝晏退（畢云蚤字同早）聽獄治政是以國家治而刑法正賢者之長官也夜寢夙興收斂關市山林澤梁之利以實官府是以官府實而財不散賢者之治邑也蚤出莫入耕稼樹藝聚菽粟是以菽粟多而民足乎食故國家治則刑法正官府實則萬民富上有以絜為酒醴粢盛以祭祀天鬼外有以為皮幣與四鄰諸侯交接內有以食飢息勞（飢舊本作饑今依道藏本正）將養其萬民（俞云將當作持持養乃古人恒言詳見七患篇此作將養形似而誤天志中篇正作內有以食飢息勞持養其萬民可據以訂正非命上篇將養老弱亦持養之誤）外有以懷天下之賢人（王云外有以三字涉上文外有以為皮幣而衍下文曰內者萬民親之賢人歸之是養民與懷賢皆內事非外事也）是故上者天鬼富之外者諸侯與之內者萬民親之賢人歸之以此謀事則得舉事則成入守則固出誅則彊

墨子尚賢中

確

古

前例十三謝褔為

開尖令史年水長史

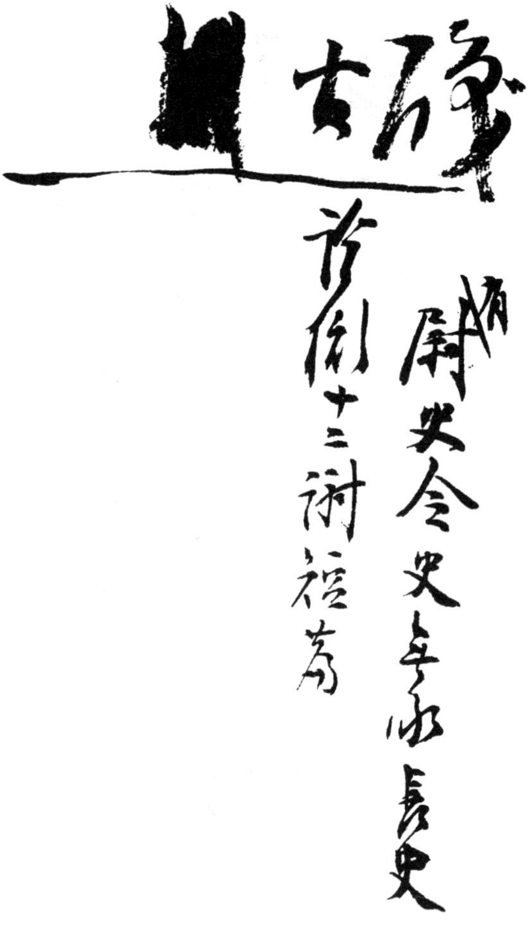

# 讀史

楚之婦人名者

左所十二傳弃疑與義者

陳公子招歸罪於公子過而殺之言招所以不死而得放九月

楚公子弃疾帥師奉孫吳圍陳孫吳悼大子偃師之子惠公宋戴惡會之戴惡宋大夫冬十一月壬午滅陳壬午十月

十八日傳言十一月誤疏注壬午至月誤○正義曰杜以長厤校之十月乙丑朔十八日得壬午也十一月無壬午經書十月厤與經合知傳言十一月者誤也輿嬖袁克殺馬毀玉以

葬輿衆也袁克嬖人之貴者欲以非禮厚葬哀公疏注輿衆至哀公○正義曰就衆嬖之內特舉袁克之名知袁克是嬖人之貴者也葬無殺馬毀玉之法知欲以非禮厚葬哀公也服虔云一日馬陳侯所乘馬玉陳侯所佩玉故

殺馬毀玉不欲使楚得之事亦有似知不然者楚既滅陳則爲已有克不能私藏馬玉欲殘毀之故不從楚人將殺之請寘之寘置馬玉○寘之豉反既又請私私盡君臣恩私

於幄加絰於顙而逃幄帳也逃不欲爲楚臣○幄於角反絰直結反使穿封戌爲陳公戌楚之大夫滅陳爲縣使戌爲縣公○穿音川戌音恤曰城麇之

役不謟成麇役在襄二十六年戌與靈王爭皇頡○麇九倫反注同謟勑檢反頡戶結反侍飲酒於王王曰城麇之役女知寡人之及此女

其辟寡人乎及此謂爲王○女音汝下同對曰若知君之及此臣必致死禮以息楚息寧靜也

昭八　昭八

# 隋文

秦始矣稽之

史記秦始皇本紀 即從公

周公作立政周公既致政成王恐其怠忽故以君臣立政爲戒立政言用臣當共立政故以名篇周公若曰拜手稽首告嗣天子王矣順古道盡禮致敬告成王言嗣天子今巳爲王矣不可不慎用咸戒于王曰王左右常伯常任準人綴衣虎賁周公用王所立政之事皆戒於王曰常所長事常所委任謂三公六卿準人平法謂士官綴衣掌衣服虎賁以武力事王皆左右近臣宜得其人○任而鴆反準之允反綴徐丁衛反又丁劣反賁音奔長丁丈反除篇末文注以長直良反餘並同周公曰嗚呼休兹知恤鮮哉歎此五者立政之本知憂得其人者少○鮮息淺反

疏周公至鮮哉○正義曰王之大事在於任賢使能成王初始即政猶尚幼少周公恐其怠忽政事任非其人故告以用臣之法周公順古道而告王曰我敢拜手稽首告嗣世天子成王今巳爲王矣王者當立善政其事不可不慎周公既爲此言乃用王所立政之事皆戒於王曰王之親近左右常所長事謂三公也常所委任謂六卿也平法之人謂獄官也綴衣之人謂掌衣服者也虎賁以武力事王者此等皆近王左右最須得人周公既歷言此官復言而歎曰嗚呼美哉此五等之官立政之本也知憂此官遍得賢人者少也○傳順古至不慎○正義曰周公既拜手稽首而後發言還自言拜手稽首示已重其事欲令受其言故盡禮致敬以告王也召誥云拜手稽首旅王若公亦是召公自言已拜手稽首與此同也成王嗣世而立故呼成王爲嗣天子周公攝政之時成王未親王事此時既已歸政於成王故言今巳爲王矣不可不慎也王肅以爲於時周公會羣臣共戒成王其言曰拜手稽首者是周公讃羣臣之辭○傳周公至其人○正義曰此以立政名篇知用咸戒者是周公用王所立政之事皆戒於王也三公臣之尊者知常所長事謂三公也六卿分掌國事王之所任知常所委任謂六卿也準訓平也平法之人謂士官也士察也察獄之官用法必當均平故謂獄官爲準人周禮司寇之長在常任之內此士官當謂士師也衣服必連綴著之此歷言官人知綴衣是掌衣服者此言親近大臣必非造衣裳者周禮大僕下大夫掌正王之服位出入王之大命此掌衣服者當是大僕之官也周禮虎賁氏下大夫言其若虎賁獸是以武力事王者此皆左右近臣宜得其人言其急於餘官得其人者文官得其文人武官得其武人違才易務皆爲非其人也○傳歎此至者少○正義曰此五官皆親近王故歎此五者立政之本也休美也王肅云此五官美哉是休兹爲美此五官也歎其官之美美官不可不委賢人用之故歎之知憂得其人者少下句惟言禹湯文武官得其人是知憂得人者少也

古之人迪惟有夏乃有室大競籲俊尊上帝古之人道惟有夏禹之時乃有卿大夫室家大强猶乃招呼賢俊與共尊事上天○籲音預迪知忱恂于九德之行禹之臣蹈知誠信於九德之行謂賢智大臣九德皋陶所謀○忱市林反恂音荀行如字徐下孟反乃敢告教厥后曰拜手稽首后矣曰宅乃事宅乃牧宅乃準兹惟后矣知九德之臣乃敢告教其君以立政君矣亦猶王矣宅居也居汝事六卿掌事者牧牧民九州之伯居內外之官及平法者皆得其人則此惟君矣謀面用丕訓德則乃宅人兹乃三宅無義民謀所面見之事無疑則能用大順德乃能居賢人于衆官若此則乃能一居無義民大罪宥之四裔次九州之外次中國

乃信作之
皋陶謨

之外桀德惟乃弗作往任是惟暴德罔後桀之爲德惟乃不爲其先王之法往所委任是惟暴德之人故絕世無後疏古之人至罔後○正義曰既言知憂得人者少乃違
述上世之事此言禹與桀也古之人能用此求賢之道者惟有夏禹之時乃有羣臣卿大夫皆是賢人室家大強猶尚招
呼賢俊之人與共立於朝尊事上天禹之臣蹈知誠信於九德之行者乃敢告教其君曰我敢拜手稽首君今已爲君矣
不可不慎也戒其君即告曰居汝掌事之六卿居汝牧民之州伯居汝平法之獄官使此三者皆得其人則此惟爲君矣
言不得賢人不成爲君也禹能謀所面見之事無所疑惑用大明順之德則乃能居賢人於官賢人在官職事修理乃能
三處居無義之民善人在朝惡人黜遠其國乃爲治矣及其末年桀乃爲天子桀之爲德惟乃不爲其先王之法往所委
任是暴德之人以此故絕世無後得賢人則興任小人則滅是須官賢人以立政也○傳古之至上天○正義曰經言古
之人迪傳言古之人道當說古之求賢人之道也王肅云古之人道惟有夏之大禹爲天子也其意言古人之道說有此
事孔意似不然也孔以大夫稱家室猶家也籲訓呼也招呼者乃是臣下之事故以爲夏禹之時乃有卿大夫室家大強
猶乃招呼在外賢俊與之共立於朝尊事上天也言君既求賢臣之助言天子事天臣成君事故言共尊事上天○傳禹
之至所謀○正義曰九德之行非一人能備言禹之臣蹈知九德之行極言其賢智大臣也禹時伯益之輩乃可以當此
經典之文更無九德之事惟有臯陶謨九德臯陶所謀者即寬而栗柔而立愿而恭亂而敬擾而毅直而溫簡而廉剛而
塞強而義是也○傳知九至君矣○正義曰進言戒君非大賢不可故知九德之臣乃敢告教其君以立政也君矣亦猶
言王矣言已爲君矣不可不慎也君王一也變文以相避爾宅訓居也居汝事須得賢人六卿各掌其事者也居汝牧九
州之伯主養民亦須得賢人養其民也居汝準士官主理刑法亦須賢人平其獄也六卿掌內州牧掌外內外之官及平
法三事皆得其人則此惟爲君矣言羣官失職則不成爲君也上句周公戒王歷言五官其內無州牧此惟言三官加州
牧者俱是逐急言之其有詳畧爾曲禮云九州之長曰牧王制云千里之外設方伯八州八伯然則牧伯一也伯者言一
州之長牧者言牧養下民牧伯俱得言之故孔以伯解牧鄭玄云殷之州牧曰伯虞夏及周曰牧與孔不同○傳謀所至
之外○正義曰凡人爲主皆欲臣賢但大佞以忠賢不可別欲知其遠先驗於近但禹能謀所面見之事官賢人既得其
官分別善惡無所疑惑仁賢必用邪佞必退然後舉直錯諸枉則爲能用大順德如是乃能居賢人於衆官賢人既得居
官則能分別善惡無義之民必獲大罪量其輕重斥之遠地乃能三處居此無義罪人三居者大罪宥之四裔次九州之
外次中國之外四裔者四海之表最遠者也次九州之外者四海之內要服之外次中國之外者謂罪人所居之國外也
猶若衛人居於晉去本國千里故孔注舜典云次千里之外是也鄭云三處者自九州之外至於四海三分其地遠近若
周之夷鎮蕃也與孔不同亦越成湯陟丕釐上帝之耿命桀之昏亂亦於成湯之道得升大賜上天之光命王天下○釐力之反耿工迥反徐工穎反又工永反下同王往況反乃
用三有宅克即宅曰三有俊克即俊湯乃用三有居惡人之法能使就其居言服罪又曰能用剛柔正直三德之俊能就其俊事言明德嚴惟丕式克
用三宅三俊言湯所以能嚴威惟可大法象者以能用三居三德之法其在商邑用協于厥邑其在四方用丕式見德湯在商邑用三宅三俊之
道和其邑其在四方用是疏亦越至見德○正義曰不有所廢則無以興桀之滅亡夏家乃以開道湯德此言湯之能
大法見其聖德言逮近化用人也桀之昏亂亦於成湯之道得升聞於天大賜受上天之光命得王有天下湯既爲
王乃用三有居惡人之法能使各就其居處言皆服其罪也又曰用三德之俊人能使各就其俊事言皆明其德也湯所
以能嚴威惟可大法象者以其能用三居三俊之法故也成湯其在商邑用此三居三俊之道和於其邑其在四方用是

斷罪任賢之大法見其聖德於民言遠近皆從化也。傳桀之至天下。正義曰成湯之道得升謂從下而升於天故天賜之以光命使之得王天下爲天子也釐賜耿光皆釋詁文。傳湯乃至明德。正義曰皋陶謨九德即洪範之三德細分以爲九爾以此知三俊即是洪範所言剛克柔克正直三德之俊也能就其俊事言明德者用以俊乂居官顯明其有德也上句言則乃宅人茲乃三宅無義民先言用賢後言去惡此經先言三有宅後言曰三有俊者用賢去惡俱是立政之本上句先說夏禹言得賢然後去惡見其須賢之切及說成湯文武先言去惡後言用賢又見惡宜速去或先或後所以互相見爾

**嗚呼其在受德暋惟羞刑暴德之人**



**同于厥邦**受德紂字帝乙愛焉爲作善字而反大惡自強惟進用刑與暴德之人同于其國竝爲威虐。受德紂字馬云受所爲德也暋眉謹反徐亡巾反一音閔爲于爲反下爲之同強其丈反**乃惟庶習逸德之人同于厥政**乃惟衆習爲過德之人同于其政言不任賢**帝欽罰之乃伻我有夏式商受命奄甸萬姓**天以紂惡故敬罰之乃使我周家王有華夏得用商所受天命同治萬姓言皇天無親佑有德。伻普耕反徐敷耕反又甫耕反

疏 嗚呼至萬姓。正義曰既言湯以用賢而興又說紂之失人而滅周公又歎曰嗚呼其在殷王受德本性大惡自強惟進用刑罰與暴德之人同治其國竝爲威虐乃惟衆習爲過德之人與之同共於其政由其任同惡之人故上天敬誅罰之乃使我周家王有華夏用商所受天命同治天下萬姓言周能用賢天親有德故得爲天子。傳受德至威虐。正義曰泰誓三篇惟單言受而此云受德者則德本配受共爲一人故知受德是紂字也旣受之與德共爲紂字而經或言受或言受德者呼之有單復爾其人實爲大惡德字乃爲善名非是時人呼有德知是帝乙愛焉爲作善字望其爲善而反爲大惡以其行反其字明非時人呼也釋詁云暋強也暋即昬也故訓爲強言紂自強爲惡惟進用刑罰身旣進用刑罰則愛好暴虐之人故爲與之同於其國言竝爲威虐。傳乃惟至任賢。正義曰暴德言以暴虐爲德逸德言以過惡爲德習效爲之衆者言其所任多也紂任衆爲過德之人與之同於其政言其不任賢也與暴德同於其國與惡德同於其政其事一也異言之爾牧誓所云四方之多罪逋逃是信是使是以爲大夫卿士俾暴虐於百姓以姦宄於商邑是其事也。傳天以至有德。正義曰言天知其惡熟詳審下罰故言敬罰也商本受天命周亦受天命故言用商所受天命同治萬姓釋言云弇同也同爲天于治萬姓與商同也此經之意言周家有德皇天親有德也王肅云敬罰者謂須暇五年

**亦越文王武王克知三有宅心灼見三有俊心**紂之不善亦於文武之道大行以能知三有居惡人之心灼然見三有賢俊之心**以敬事上帝立民長伯**言文武知三宅三俊故能以敬事上天立民正長謂郊祀天建諸侯

疏 亦曰至長伯。正義曰既言上天去惡與善滅殷興周即說文王武王能用求賢審官之事桀惡所以興成湯紂惡所以開文武言紂之不善亦於文王武王使得其道大行能知居三有惡人之心居之皆得其所言服其罪也灼然見三有賢俊之心用之皆得其人言明其德也文武知此三宅三俊故能敬事上天稱天心也立民正長合民心也。傳紂之至之心。正義曰桀之昬亂開成湯紂之不善開文武其事同也於成湯言能受上天之命於文武云能敬事上帝前聖後聖爲行必同交錯爲文所以互相見爾文王受命武王伐紂二聖共成王道故文武竝言之猶詩序云文武以天保已上治內采薇已下治外文武竝言與此同也文王之時未定天下所立之官亦未具足下經所言立政任人已下三亳阪尹已上其所舉官爵多是文武時事以見二聖同道父作之子述之言其相成爾故以能知三有居惡人之心灼然見三有賢

貢綴衣趣馬小尹

吉士

微盧烝三亳阪尹

大都小伯藝人表臣百司

立政任人準夫牧作三事

司徒司馬司空亞旅

左右攜僕百司庶府

太史尹伯庶常

虎

夷

# 亳

典刑典事典六卿所掌者也掌邦六典之貳其所掌事重故特言之尹伯長官大夫周禮每官各有長若太史爲史官之長大司樂爲樂官之長如此類皆是也及眾掌常事之善士謂士爲長官者其大夫及士不爲長官者則前云百司也居官必須善人此是總舉眾官故特言吉士。傳此有至法則。正義曰周公攝政之時制禮作樂其作立政之篇必在制禮之後周禮六卿而此有三卿及次卿眾大夫則是副卿之大夫有若周禮小宰之類是也此文武未伐紂之時也遠舉文武之初以爲法則爾泰誓下篇云王乃大巡六師六師則六軍也軍將皆命卿則伐紂之時已立六卿矣牧誓亦云司徒司馬司空舉之三卿者彼傳已解之云指誓戰者也。傳蠻夷至用賢。正義曰牧誓所云有微盧彭濮人此舉夷微盧以見彭濮之等諸夷也烝訓眾也此篇所言皆立官之事此經惟阪下言尹則夷微已下以一尹總之故傳言蠻夷微盧之眾帥及亳民之歸文王者三所爲之立監及阪地之尹長故言師言監亦是言爲之立長義出經文尹也亳是湯之舊都此言三亳必是亳民分爲三處此篇說立官之意明是分爲三亳必是三所各爲立監也亳人之歸文王經傳未有其事文王既未伐紂亳民不應歸之鄭王所說皆與孔同言亳民歸文王者蓋以此章雜陳文王武王時事其言以文王爲主故先儒因言亳民歸文王爾即如此意三亳爲已歸周必是武王時也及阪地之尹長傳言其山阪之地立長爾不知其指斥何處也鄭玄以三亳阪尹者共爲一事云湯舊都之民服文王者分爲三邑其長居險故言阪尹蓋東成皐險轘轅西降谷也皇甫謐以爲三亳三處之地皆名爲亳蒙爲北亳穀熟爲南亳偃師爲西亳古書亡滅既無要證未知誰得旨矣**文王惟克厥宅心乃克立茲常事司牧人以克俊有德**文王惟其能居心遠惡舉善乃能立此常事司牧人用能俊有德者。遠于萬反**文王罔攸兼于庶言庶獄庶慎惟有司之牧夫**文王無所兼知於毀譽眾言及眾刑獄眾當所慎之事惟慎擇有司牧夫而已勞於求才逸於任賢。譽音餘又如字**是訓用違庶獄庶慎文王罔敢知于茲**是萬民順法用違法眾獄眾慎之事文王一無敢自知於此委任賢能而已

**疏**文王至于茲。正義曰上既總言文武此又分而說之文王惟能其居心遠惡舉善乃能立此常事其主養人之官用能俊有德者既任用俊人每事委之文王無所兼知於眾人之言或毀或譽文王皆不知也眾獄斷罪得失文王亦不得知也眾所當慎之事文王亦不得知也惟慎擇在朝有司在外牧養民之夫是時萬民或順於法或用違法眾刑獄眾所慎之事文王一皆無敢自知於此惟委任賢能而已。傳文王至德者。正義曰上言文王能知三宅三俊知此能居心者以遠惡舉善居其心也既遠惡舉善乃能立此常事用賢養民是人君之常事也。傳文王至任賢。正義曰下云是訓用違即是在上庶言也是訓則稱譽之事用違則毀損之事但分析言之爾**亦越武王率惟敉功不敢替厥義德**亦於武王循惟文王無安天下之功不敢廢其義德奉遵父道。敉亡婢反**率惟謀從容德以竝受此丕丕基**武王循惟謀從文王寬容之德故君臣竝受此大大之基業傳之子孫。傳直專反

**疏**亦越至丕基。正義曰亦於武王遵循父道所循惟文王撫安天下之功不敢廢其文王義德言奉行遵父道也又言武王遵循者惟謀從文王寬容之德故武王君臣能竝受此大大之基業謂受命爲天子傳之子孫。傳武王至子孫。正義曰以言竝受則非獨王身故以爲君臣竝受此大大之基業謀從寬容之德是與臣謀及基業成就則君臣共有故言竝受且王爲天子臣爲諸侯皆受基業各傳子孫是亦爲竝受也**嗚呼孺子王矣**歎稚子今以爲王矣不可不勤法祖考之德**繼自今我**

其立政立事準人牧夫我其克灼知厥若丕乃俾亂繼用今已往我其立政大臣立事小臣及準人牧夫我其能灼然知其順者則大乃使治之言知臣
下之勤勞然後莫不盡其力。俾必爾反下同治直吏反下同相我受民和我庶獄庶慎時則勿有間之能治我所受天民和平我眾獄眾慎之事如是則勿有以代之
言不可復變。相如字馬息亮反下勸相同間間廁之間復扶又反自一話一言我則末惟成德之彥以乂我受民言政當用一善善在一言而已欲其口無
擇言如此我則終惟有成德之美以治我所受之民。話戶怪反疏嗚呼孺子至受民。正義曰周公既歷說禹湯文武乃復指戒成王嗚呼而歎孺子今已為王矣既正位為王事不可不慎繼續從今已往我王其與立政謂大臣
也其與立事謂小臣也平法之人及養民之夫此等諸臣我王其能察之灼然知其順於事者則大乃使之治理言知其
能有勤勞各盡心力然後用此賢臣治我所受天民和平我眾獄訟及眾當所慎之事必能如是則勿復有以代之言其
法不可復變也政從君出為人主用是一善之言善在一言而已勿以惡言亂之王能如是我王則終惟有成德之美以
治我所受天民矣。傳繼用至心力。正義曰自此已下四言繼自今者凡人靡不有初鮮克有終恐王不能終之戒成
王使繼續從今已往常用賢也自訓為從亦訓為用此傳言用今已往下傳言從今已往其意同也政事相對則政大事
小故以立政為大臣立事為小臣及準人牧夫畧舉四者以總諸臣戒王任此人也其能灼然知其能順於事者則大乃
使治顧氏云君能知臣下順於事則臣感君恩大乃治理各盡心力也。傳能治至復變。正義曰相訓助也助君所以
治民事故相為治天命王者使之治民則天與王者此民故言能治我所受天民也能治下民理眾獄眾慎之事使得其
所則為政之大要能如此則勿有以代之言此法盡善不可復變易也或據臣身既能如此不可以餘人代之也。傳言
政至之民。正義曰釋詁云自用也話言也舍人曰話政之善言也孫炎曰話善之言也然則話之與言是一物也自一
話者言人君為政當用純一善言又云一言者純一善言在於一言而已謂發號施令當須純一不得差貳欲令其口無
可擇之言也顧氏云人君為政之道當須用一善而已為善之法惟在一言也末訓為終彥訓為美王能出言皆善口無
可擇如此我王則終惟有成德之美以治我所受天民矣釋訓云美士為彥故彥為美嗚呼予旦已受人之徽言咸告孺子王矣歎所受賢聖說禹湯之美言皆
以告稚子王矣。稚直吏反本亦作穉繼自今文子文孫其勿誤于庶獄庶慎惟正是乂之文子文孫文王之子孫從今已往惟以正是之道治眾獄
眾慎其勿誤自古商人亦越我周文王立政立事牧夫準人則克宅之克由繹之茲乃俾乂言用古商湯亦
於我周文王立政立事用賢人之法能居之於心能用陳之此乃使天下治。繹音亦疏嗚呼至俾乂。正義曰旦者周公名也周公又歎曰嗚呼我旦已受賢聖人說禹湯之美言皆以告孺子王矣王宜依行之繼續從今以往文

之子孫其勿得過誤於眾獄訟眾所慎之事惟當用是正是之道治之用古商人成湯亦於我周家文王其立政立事
牧夫準人此等諸官皆用賢人之法則能居之於心能用陳之於位明識賢人用之為官此乃使天下大治戒成王使法
之。傳言用至下治。正義曰上陳禹湯文武此覆上文惟言湯與文王者言有詳畧無別意也能居之於心謂心
知其賢也能用陳之謂陳列於位用之以為官也王肅曰則能居之在位能用陳其才力如此故能使天下治也國
則罔有立政用憸人不訓于德是罔顯在厥世商周賢聖之國則無有立政用憸利之人者憸人不訓於德是故其君無顯名在其世。憸息廉反徐七漸反

本又作憸馬云憸利佞人也 繼自今立政其勿以憸人其惟吉士用勱相我國家 立政之臣惟其吉士用勉治我國家。勱音邁 疏 則國至國家。正義曰既言湯與文王用賢大治又言其不宜用小人商周聖賢之國無有立政用憸利之人者此憸利之人不順於德若其用之是使其君無顯名在其世也王當繼續從今已往立其善政其勿用憸利之人其惟任用善士使勉力治我國家教王使用善士勿使小人也 今文子文孫孺子王矣 告文王之子孫言稚子已即政爲王矣所以厚戒 其勿誤于庶獄惟有司之牧夫 獨言衆獄有司欲其重刑愼官人 其克詰爾戎兵以陟禹之迹 其當能治汝戎服兵器威懷竝設以升禹治水之舊迹。詰起一反馬云實也 方行天下至于海表罔有不服 方四方海表蠻夷戎狄無不服化者乎 以覲文王之耿光以揚武王之大烈 能使四夷賓服所以見祖之光明揚父之大業 嗚呼繼自今後王立政其惟克用常人 其惟能用賢才爲常人不可以天官有所私 疏 今文至常人。正義曰今告汝文王之子文王之孫孺子今已即政爲王矣我所以須厚戒之王其勿誤於衆治獄之官當須愼刑也惟有司之牧夫有司主養民者宜得賢也治獄之吏養民之官若任得其人使其能治汝戎服兵器以此升行禹之舊迹四方而行至於天下至於四海之表無有不服王之化者以顯見文王之光明以播揚武王之大業言任得賢臣則光揚父祖周公又歎曰嗚呼繼續從今已往後世之王立行善政其惟能用常人必使常得賢人不可任不其才此雖有戒戒王乃是國之常法因以戒後王言此法可常行也。傳獨言至官人。正義曰上有庶愼立政立事牧夫準人此獨言庶獄與有司之牧夫者言庶獄欲其重刑言有司牧夫欲其愼官人也。傳其當至舊迹。正義曰立官所以牧養下民戒備不虞故以詰爾戎兵爲言也戎亦兵也以其竝言戎兵故傳以爲戎服兵器威懷竝設以升禹治水之舊迹遠行必登山故以陟言之如禹之陟方意亦然。傳方四至化者。正義曰方行天下言無所不至故以方爲四方釋地云九夷八狄七戎六蠻謂之四海知海表謂夷狄戎蠻無有不服化者即詩小雅云蓼蕭澤及四海是也。傳其惟至所私。正義曰官須常得賢人故惟賢是用用賢是常常則非賢不可人主或知其不賢以私受用之代天爲官故言不可以天官有所私 周公若曰太史 順其事并告太史 司寇蘇公式敬爾由獄以長我王國 忿生爲武王司寇封蘇國能用法敬汝所用之獄以長施行於我王國言主獄當求蘇公之比。比必二反又如字 茲式有愼以列用中罰 此法有所愼行必以其列用中罰不輕不重蘇公所行太史掌六典有廢置官人之制故告之。行如字 疏 周公至中罰。正義曰周公順其事而言曰太史以其太史掌廢置官人故呼而告之昔日司寇蘇公既能用法汝太史當敬汝所用之獄以長施行於我王國欲使太史選主獄之官當求蘇公之比也此刑獄之法有所愼行必以其體式列用中常之罰不輕不重當如蘇公所行也。傳忿生至之比。正義曰成十一年左傳云昔周克商使諸侯撫封蘇忿生以溫爲司寇是忿生爲武王司寇封蘇國也蘇是國名所都之地其邑名溫故傳言以溫也特舉蘇公治獄官以告太史知其言主獄之官當求蘇公之比類也。傳此法至告之。正義曰治獄必有定法此定法有所愼行周禮大司寇云刑新國用輕典刑平國用中典刑亂國用重典輕重各有體式行列周公言然之時是法爲平國故必以其列用中罰使不輕不重美蘇公治獄使列用中罰明中罰不輕不重是蘇公所行也周禮太宰以八柄詔王馭羣臣有爵祿廢置生殺與奪之法太史亦掌邦之六典以副貳太宰是太史有廢置官人之制故特呼而告之也

僞周官

官制

周至之法。正義曰周禮毎官言人之負數及職所掌立其定法授與成王成王卽政之初卽有淮夷叛逆未服得以立 。傳言
官之意號令羣臣今旣滅淮夷天下清泰故以周家設官分職用人之法以誥羣臣使知立官之大旨也設官分職周禮
序官之文言設置羣官分其職掌經言立三公六卿是設官也各言所掌是分職也各舉其官之所掌示以才堪乃得居
之是說用人之法 **惟周王撫萬邦巡侯甸** 卽政撫萬國巡行天下侯服甸服 **四征弗庭綏厥兆民** 四面征討諸侯之不直者所以安其兆民十億曰兆言多 **六**
**服羣辟罔不承德歸于宗周董正治官** 六服諸侯奉承周德言協服還歸於豐督正治理職司之百官。辟必亦反治直吏反下至冢宰經注同 疏 惟周至治官。正義
曰惟周之王者布政教撫安萬國巡行天下侯服甸服四面征討諸侯之不直者所以安其海內兆民六服之內羣衆諸
侯之君無有不奉承周王之德者自滅淮夷而歸於宗周豐邑乃督正治理職司之百官敘王發言之端也。傳卽政至
甸服。正義曰檢成王政之序與費誓之經知成王卽政之年奄與淮夷又叛叛卽往伐今始還歸多方云五月丁亥王
來自奄至于宗周與此滅淮夷而還歸在豐爲一事也年初始叛五月卽歸其間未得巡守於四方也而此言撫萬國巡行天
下其實止得撫巡向淮夷之道所過諸侯爾未是用四仲之月大巡守也以撫諸侯巡守是天子之大事因卽大言之爾
周之法制無萬國也惟伐淮夷非四征也言萬國四征亦是大言之爾六服而惟言侯甸者二服去圻最近舉近以言之
言王巡省徧六服也。傳四方至言多。正義曰四征從京師而四面征也釋詁云庭直也綏安也諸侯不直謂叛逆王
命侵削下民故四面征討諸侯之不直者所以安其兆民楚語云十日百姓千品萬官億醜兆民毎數相十知十億曰兆
稱兆言其多也。傳六服至百官。正義曰周禮九服此惟言六者夷鎭蕃三服在九州之外夷狄之地王者之於夷狄
羈縻而已不可同於華夏故惟舉六服諸侯奉承周德言協服也序云還歸在豐知宗周卽豐也周爲天下所宗王都所
在皆得稱之故豐鎬與洛邑皆名宗周釋詁云董督正也
是董得爲督督正治理職司之百官下戒勑是董正也 **王曰若昔大猷制治于未亂保邦于未危** 言當順古
大道制治安國必于未亂 疏 王曰至未危。正義曰治謂政敎邦謂國家治有失則亂家不安則危恐其亂則預爲之
未危之前思患預防之 制慮其危則謀之使安制其治於未亂之前安其國於未危之前張官設府使分職明察
任賢委能令事務順理如是則政治而國安矣標此二句於前以示立官之意
必於未亂未危之前爲之者思患而預防之思患而預防之易旣濟卦象辭也 **曰唐虞稽古建官惟百內有百**

**揆四岳外有州牧侯伯** 道堯舜考古以建百官內置百揆四岳象天之有五行外置州牧十二及五國之長上下相維外內咸治言有法。長丁丈反下官長助長並同 **庶政惟和**
**萬國咸寧** 官職有序故衆政惟和萬國皆安所以爲正治 **夏商官倍亦克用乂** 禹湯建官二百亦能用治言不及唐虞之清要 **明王立政不惟其**
**官惟其人** 言聖帝明王立政修敎不惟多其官惟在得其人 疏 曰唐虞至其人。正義曰旣言須立官之意乃追述前代之法止而復言故更加一曰唐堯虞舜考行古道立官惟數止一百也內有百揆四岳者

百揆揆度百事爲羣官之首立一人也四岳內典四時之政外主太岳之事立四人也外有州牧侯伯牧一州之長侯伯
五國之長各監其所部之國外內置官各有所掌衆政惟以協和萬邦所以皆安也夏禹商湯立官倍多於唐虞雖不及
唐虞之清簡亦能用以爲治明王立其政教不惟多其官惟在得其人言自古制法皆明開官司求賢以處之也○傳道
堯至有法。○正義曰百人無主不散則亂有父則有君也君不獨治必須輔佐有君則有臣也易序卦云有父子然後有
君臣則君臣之興次父子之後人民之始則當有之未知其所由來也雖遠舉唐虞復考古也說命曰明王奉若天道建
邦設都則王者立官皆象天爲之故內置百揆四岳象天之有五行也五行佐天羣臣佐主以此爲象天爾不必其數有
五乃象五行故以百揆四岳爲五行之象左傳少昊立五鳩氏顓頊已來立五行之官其數亦有五故置於五行矣舜典
云肇十有二州此說虞事知置州牧十二也侯伯謂諸侯之長益稷篇禹言治水時事云外薄四海咸建五長知侯伯是
五國之長也成王說此事者言堯舜所制上下相維內外咸治言有法也此言建官惟百夏商官倍則
唐虞一百夏商二百禮記明堂位云有虞氏官五十夏后氏官百者禮記是後世之言不與經典合也**今予小子祇**
**勤于德夙夜不逮**今我小子敬勤於德雖夙夜匪懈不能及古人言自有極。逮音代一音大計反懈佳賣反**仰惟前代時若訓迪厥官**言仰惟先代之法是
順誦蹈其所建官而則之不敢自同堯舜之官準擬夏殷而蹈之**立太師太傅太保茲惟三公論道經邦燮理陰陽**師天子所師法傅傅相天子保
保安天子於德義者此惟三公之任佐王論道以經緯國事和理陰陽言有德乃堪之。燮素協反相息亮反**官不必備惟其人**三公之官不必備負惟其人有德乃處之。處昌呂反**少師少**
**傅少保曰三孤**此三官名曰三孤孤特也言卑於公尊於卿特置此三者。少詩照反下同**貳公弘化寅亮天地弼予一人**副貳三公弘大道化敬信天地
之教以輔我一人之治**冢宰掌邦治統百官均四海**天官卿稱太宰主國政治統理百官均平四海之內邦國言任大**司徒掌邦教敷五典擾**
**兆民**地官卿司徒主國教化布五常之教以安和天下衆民使小大皆協睦。擾而小反徐音饒**宗伯掌邦禮治神人和上下**春官卿宗廟官長主國禮治天地神祇人鬼之事及國之
吉凶賓軍嘉五禮以和上下尊卑等列**司馬掌邦政統六師平邦國**夏官卿主戎馬之事掌國征伐統正六軍平治王邦四方國之亂者**司寇掌邦禁詰姦**
**慝刑暴亂**秋官卿主寇賊法禁治姦惡刑強暴作亂者夏司馬討惡助長物秋司寇刑姦順時殺**司空掌邦土居四民時地利**冬官卿主國空土以居民士農工商四人
使順天時分地利授之土能吐生百穀故曰土**六卿分職各率其屬以倡九牧阜成兆民**六卿各率其屬官大夫士治其所分之職以倡道九州牧伯爲政大成兆民之
性命皆能其官則政治。倡尺亮反下同阜音負治直吏反

**疏**

今予至厥官。○正義曰王言今我小子敬勤於德雖早夜不懈息猶不能及於唐虞
仰惟先代夏商之法是順順蹈其前代建官而法則之言不敢同堯舜之官準擬行
夏殷之官爾若與訓俱訓爲順也。○傳師天至堪之。○正義曰三公俱是教道天子輔相天子緣其事而爲之名三公皆
當運致天子使歸於德義傳於保保下言保安天子於德義摠上三者言皆然也禮記文王世子云師也者教之以事而諭
諸德者也保也者愼其身以輔翼之而歸諸道者也道德別掌者內得於心出行於道道德不甚相遠因其並釋師保故
分配之爾於公云燮理陰陽於孤云寅亮天地和理敬信義亦同爾以孤副貳三公故其事所掌不異。傳天官至任大

○正義曰此經言六卿所掌之事撮引周禮爲之總目或據禮文或取禮意雖言有小異義皆不殊周禮云乃立天官冢宰使帥其屬而掌邦治治官之屬太宰卿一人馬融云冢大也宰治也大治者兼萬事之名也鄭玄云變冢言大進退異名也百官總焉則謂之冢列職於王則稱大冢者大之上也山頂曰冢是解冢大異名之意大宰職云三曰禮典以統百官馬融云統本也百官是宗伯之事也此統百官在冢宰之下當以冢尊故命統治百官爲冢宰之事治官禮官俱得統之也禮云以佐王均邦國此言均四海故傳辨之均平四海之內邦國與孔意不異。傳地官至協睦。正義曰周禮云乃立地官司徒使帥其屬而掌邦教以佐王安擾邦國太宰職云二曰教典以擾萬民鄭玄云擾亦安也言饒衍之傳亦以擾爲安五典即五教也布五常之教以安和天下之人民使小大協睦也舜典云契爲司徒敬敷五教周禮司徒掌十有二教一曰以祀禮教敬則民不苟二曰以陽禮教讓則民不爭三曰以陰禮教親則民不怨四曰以樂禮教和則民不乖五曰以儀辨等則民不越六曰以俗教安則民不偷七曰以刑教中則民不暴八曰以誓教恤則民不怠九曰以度教節則民知足十曰以世事教能則民不失職十有一曰以賢制爵則民愼德十有二曰以庸制祿則民興功鄭玄云有虞氏五而周十有二焉然則十有二細分五教爲之五教可以常行謂之五典五典謂父義母慈兄友弟恭子孝也。傳春官至等列。正義曰周禮云乃立春官宗伯使帥其屬而掌邦禮以佐王和邦國宗廟也伯長也宗廟官之長故名其官爲宗伯其職云掌建邦之天神人鬼地祇之禮又主吉凶賓軍嘉之五禮吉禮之別十有二凶禮之別有五賓禮之別有八軍禮之別有五嘉禮之別有六總有三十六禮皆在宗伯職掌之文文煩不可具載太宰職云三曰禮典以和邦國以諧萬民其職又有以玉作六瑞以等邦國以禽作六贄以等諸臣是以和上下尊卑等列也。傳夏官至亂者。正義曰周禮云乃立夏官司馬使帥其屬而掌邦政以佐王平邦國其職云戎馬之事有掌征伐統正六軍平治王邦四方國之亂者天子六軍軍師之通名也案其職掌九伐之法馮弱犯寡則眚之賊賢害民則伐之暴內陵外則壇之野荒民散則削之負固不服則侵之賊殺其親則正之放弑其君則殘之犯令陵政則杜之外內亂鳥獸行則滅之。傳秋官至時殺○正義曰周禮云乃立秋官司寇使帥其屬而掌邦禁以佐王刑邦國其職云刑邦國詰四方馬融云詰猶窮也窮四方之姦也孔以詰爲治是主寇賊法禁治姦慝之人刑殺其強暴作亂者夏官主征伐秋官主刑殺征伐亦殺人而官屬異時者夏司馬討惡助夏時之長物秋司寇刑姦順秋時之殺物也周禮云掌邦刑此云掌邦禁者避下刑暴亂之文故云掌邦禁。傳冬官至曰土。正義曰周禮冬官亡小宰職云六曰冬官掌邦事又云六曰事職以富邦國以養萬民馬融云事職掌百工器用耒耜弓車之屬與此主土居民全不相當冬官既亡不知其本禮記王制記司空之事云量地以制邑度地以居民足明冬官本有主土居民之事也齊語云管仲制法令士農工商四民不雜郎此居民使順天時分地利授之土也土則地利爲之名以其吐生百穀故曰土也周禮云事此云土者爲下有居四民故云土以居民爲急故也

**六年五服一朝**五服侯甸男采衛六年一朝會京師**又六年王乃時巡考制度于四岳**周制十二年一巡守春東夏南秋西冬北故曰時巡考正制度禮法于四岳之下如虞帝巡守然**諸侯各朝于方岳大明黜陟**覲四方諸侯各朝于方岳之下大明考績黜陟之法

疏 六年至黜陟。正義曰此篇說六卿職掌皆與周禮符同則六年五服一朝亦應是周禮之法而周禮無此法也周禮大行人云侯服歲一見其貢祀物甸服二歲一見其貢嬪物男服三歲一見其貢器物采服四歲一見其貢服物衛服五歲一見其貢材物要服六歲一見其貢貨物先儒說周禮者皆云見謂來朝也必如所言則周之諸侯各以服數來朝無六年一朝之事昭十三年左傳叔向云明王之制使諸侯歲聘以志業間朝以講禮再朝而會以示威再會而盟以顯昭明自古已來未之或失也存亡之道恒由是興說左傳者以爲三年一朝六年一會十二年而盟事與周禮不同謂之前代明王之法先儒未嘗措意不知異之所由計彼六年一會與此六年五服一朝事相當也

再會而盟與此十二年王乃時巡諸侯各朝於方岳亦相當也叔向盛陳此法以懼齊人使盟若周無此禮叔向妄說齊人當以辭拒之何所畏懼而敬以從命乎且云自古以來未之或失則當時猶尚行之不得爲前代之法昚當時之人明矣明周有此法禮文不具爾大行人所云見者皆言貢物或可因貢而見何必見者皆是君自朝乎遣使貢物亦應可矣大宗伯云時見曰會殷見曰同時見殷見不云年限時見曰會何必不是再朝而會乎殷見曰同何必不是再會而盟乎周公制禮若無此法豈成王謬言叔向妄說也計六年大集應六服俱來而此文惟言五服孔以五服爲侯甸男采衞蓋以要服路遠外逼四夷不必常能及期故寬言之而不數也○傳周制至守然○正義曰周禮大行人云十有二歲王巡守殷國是周制十二年一巡守也如舜典所云春東夏南秋西冬北以四時巡行故曰時巡考正制度禮法于四岳之下如虞帝巡守然據舜典同律度量衡已下皆是也

# 劄記

曆官

淮南天文訓周語五交六爻

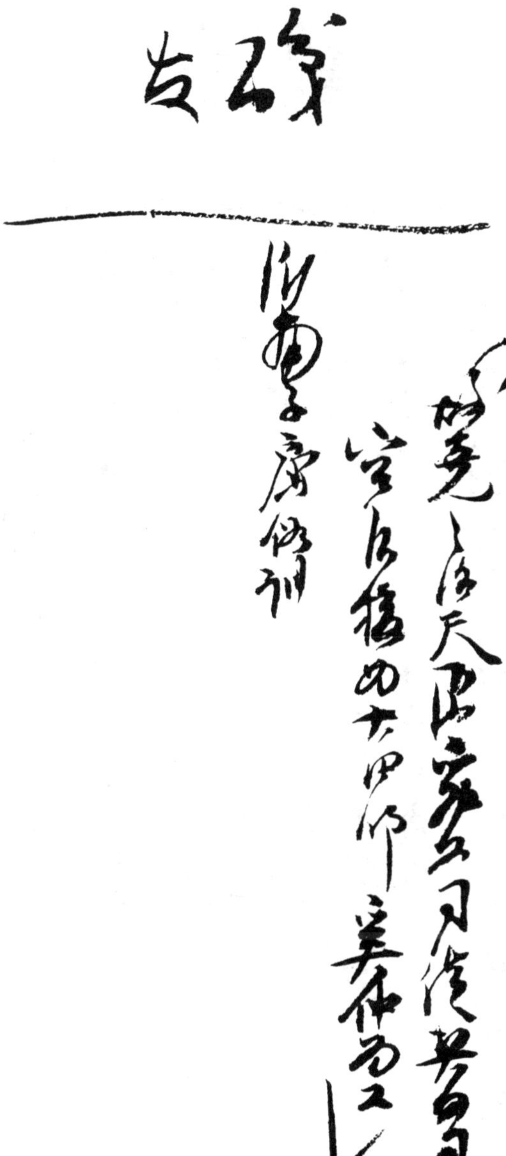

# 亥制

漢時別以十月之亥

正月亥司空
二月亥倉
三月亥鄉
四月亥田
五月亥和
六月亥少內
七月亥庫
八月亥尉
九月亥候
十月亥司馬
十一月亥都尉
十二月亥獄

十月丁歲亥之集事落之年因此則亥成則時設之 劉

殘缺

[redacted]

人史書文

短語四

為人君者。修官上之道。而不言其中。君在衆官之上但修此官上之道而已至於官中之事則有司存非所言也為人臣者。比官中之事。而不言其外。比謂校次之也若言官外則為越職君道不明。則受令者疑。權度不一。則修義者惑。民有疑惑貳豫之心。而上不能匡。則百姓之與間。間謂隔礙不通也人心有疑君不能正故其所與為多疑而不通也猶揭表而令之止也。揭舉也表謂以木為標有所告示也既使舉於表又令止之是亦不一也故以況人心之疑也是故能象其道於國家。加之於百姓。而足以飾官化下者。明君也。象法也謂能本道而立法能上盡言於主。下致力於民。而足以修義從令者。忠臣也。上惠其道。下敦其業。上下相希。言相希准以為法也若望參表。則邪者可知也。參表謂立表所以參驗曲直吏嗇夫任事。吏嗇夫謂檢束

羣吏之官也若督郵之比也人嗇夫任教。人嗇夫亦謂檢束百姓之官教在百姓。論在不撓。謂百姓有不從教論其罪罰不
撓法以行私賞在信誠。體之以君臣。其誠也以守戰。既賞信罰必君臣合體莫不至誠故入可以守城出可以野戰也
如此則人嗇夫之事究矣。吏嗇夫盡有訾程事律。訾限也程准也事律謂每事據律而行也論法辟衡
權斗斛文劾。不以私論。而以事為正。辟刑也文劾言據文而舉劾謂論法刑已下皆據事以為正不曲從其私也如此
則吏嗇夫之事究矣。人嗇夫成教。吏嗇夫成律之後。則雖有敦愨忠信者不得善
也。人嗇夫之教既成則人皆忠信故無有獨得善者也而戲豫怠傲者。不得敗也。吏嗇夫之律既成人皆懼法不敢為非雖有豫怠不
得為敗也如此則人君之事究矣。是故為人君者因其業。謂因人嗇夫之業也乘其事。謂乘吏嗇夫之事
而稽之以度。又以國之法度考此二者有善者賞之以列爵之尊。田地之厚。而民不慕也。善自應賞
故不善者不敢橫暴有過者罰之。以廢亡之辱。僇死之刑。而民不疾也。過自應罰故人不敢疾怨殺生不
違。而民莫遺其親者。或罰而殺之或賞而生之皆不違其理則人知主德之有常不輕為去就故又不遺其親也此唯上有明
法而下有常事也。

高祚

一

涪州加什邡自石照之及石杵計語一

共月食百石刖給官祿食

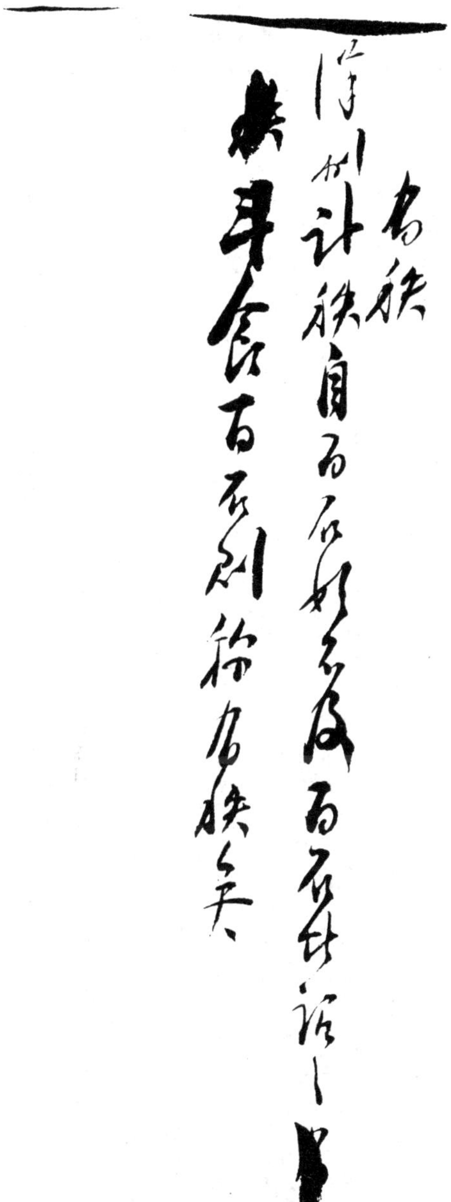

# 農業

田畯為田大夫

七月流火九月授衣火大火也流下也九月霜始降婦功成可以授冬衣矣箋云大火者寒暑之候也火星中而寒暑退故將言寒先著火所在一之日觱發二之日栗烈無衣無褐何以卒歲一之日十之餘也一之日周正月也觱發風寒也二之日殷正月也栗烈寒氣也箋云褐毛布也卒終也此二正之月人之貴者無衣賤者無褐將何以終歲乎是故八月則當績也○觱音必說文作畢發音如字栗烈並如字說文作颲颲褐音曷三之日于耜四之日舉趾同我婦子饁彼南畝田畯至喜三之日夏正月也豳土晚寒于耜始脩耒耜也四之日周四月也民無不舉足而耕矣饁饋也田畯田大夫也箋云同猶俱也喜讀爲饎饎酒食也耕者之婦子俱以饟來至於南畝之中其見田大夫又爲設酒食焉言勸其事又愛其吏也此章陳人以衣食爲急餘章廣而成之○耜音似饁炎輒反野饋也字林于劫反畯音俊喜王申毛如字鄭作饎尺志反下同夏戶雅反下注夏夏小正同晚寒如字謂晚節而氣寒也饋其愧反饟式亮反又爲于僞反疏七月至至喜○毛以爲周公云先公教民周備民奉上命於七月之中有西流者是火之星也知是將寒之漸至九月之中云可以相授以冬衣矣九月之中若不授冬衣則一之日有觱發之寒風二之日有栗烈之寒氣此二日者大寒之時人之貴者無衣賤者無褐何以終其歲乎故至八月則當績也又豳人從君之教三之日於是始脩耒耜四之日悉皆舉足而耕其時我耕者之婦子奉饋食餉彼南畝之中耕作者田畯來至見其勤農事則歡喜也豳公憂念民事教之若此周公言己憂民亦與之同故陳之也○鄭唯田畯至喜言田畯來至農夫爲設酒食爲異餘同○傳火大火至冬衣矣○

正義曰春秋昭十七年傳曰大辰者何大火也哀十一年左傳曰火伏而後蟄者畢今火猶西流司歷過也謂火下爲流故云流下言六月昏見而中則流下也可以授冬衣者謂衣成而授之○箋大火至所在○正義曰昭三年左傳張趯曰火星中而寒暑退服虔云火大火心也季冬十二月平旦正中在南方大寒季夏六月黃昏火星中大暑退是火爲寒暑之候事也知此兩月昏旦火星中者月令季夏昏火星中六月既昏中以衡反之故十二月旦而中也若然六月之昏火星始中堯典云日永星火以正仲夏注云司馬之職治南岳之事得則夏氣和夏至之氣昏火星中所以五月得火星中者吳志孫皓問月令季夏火星中前受東方之體盡以爲火星季夏中心也不知夏至中星名苔曰日永星火此謂大火也大火次名東方之次有壽星大火析木三者大火爲中故尚書云舉中以言焉又每三十度有奇非特一宿者也季夏中火猶謂指心火也如此言中則日永星火謂大火之次非心星也堯典四時言中星者春夏交舉其次言星鳥星火秋冬舉其宿言星虛星昴鄭注云星鳥鶉火之方星火大火之屬虛玄武中虛宿也昴白虎中宿也其東方南方皆三次鶉火大火居其中西方北方俱七宿虛星昴星居其中每時總舉一方故指中宿與次而互言之耳其

實仲夏之月大火之次亦未中也是鄭以日永星火大火之次與此火之心星別○傳一之至寒氣○正義曰一之日二之日猶言一月之日二月之日故傳辨之言一之日者乃是十分之餘謂數從一起而終於十更有餘月還以一二紀之也既解一二之意又復指斥其一之日。周之正月謂建子之月也二之日殷之正月謂建丑之月也下傳曰三之日夏之正月謂建寅之月也正朔三而改之既言三正事終更復從周爲說故言四之日周之四月即是夏之二月建卯之月也此篇說文自立一體從夏之十一月至夏之二月皆以數配日而言之從夏之四月至於七月皆以數配月而稱之唯夏之三月特異常例下云春日遲遲蠶月條桑皆是建辰之月而或日或月不以數配參差不同者蓋以日月相對日陽月陰陽則生物陰則成物建子之月純陰已過陽氣初動物以牙蘖將生故以日稱之建巳之月純陽用事陰氣已萌物有秀實成者故以月稱之夏之三月當陰陽之中處生成之際物生已極不可以同前不得言五之日物既未成不可以類後不得稱三月故日月並言而不以數配見其異於上下四章箋云物成自秀葽始明以物成故稱月也稱月者由其物成知稱日由其物生也若然一之日二之日言十之餘則可矣而三之日四之日者乃是正月二月十數之初始不以爲一二而謂之三四者作者理有不通辭無所寄若云一月二月則羣生物未成更言一之二之則與前無別以其俱是陽月物皆未成故因乘上數謂之三四明其氣相類也春秋元命苞曰周人以十一月爲正殷人以十二月爲正夏人以十三月爲正建寅之月乃是十月之初亦乘上以爲十三與此同也四月云冬日烈烈飄風發發以發是風故知烈是氣故以觱發爲寒風栗烈爲寒氣仲冬之月待風乃寒季冬之月無風亦寒故異其文○箋褐毛至當績○正義曰毛布用毛爲布今夷狄作褐皆織毛爲之賤者所服卒終釋詁文言此二正之月大寒之時無衣無褐不可終歲是故八月則當績衣。緣蠶爲重箋不云蠶月則當蠶而言八月則當績者以此章先言流火則是已見火流於時蠶事已過唯績可以當之且下章蠶事別言流火故不以蠶事屬此○傳三之日至大夫○正義曰于訓於三之日於是始脩耒耜月令季冬命農計耦耕事脩耒耜具田器孟春天子躬耕帝籍然則脩治耒耜當。季冬之月舉足而耕當以孟春之月者今言幽人以正月脩耒耜二月始耕故云幽土晚寒鄭志荅張逸云晚温亦晚寒是寒晚温亦晚故脩耒耜始耕皆校中國一月也易鼎卦注云無事曰趾陳設曰足對文則爲小異散則趾足通名訓趾爲足耕以足推故云無不舉足而耕無不者言其人人皆然也饁饋釋詁文孫炎曰饁野之餉釋言云畯農夫也孫炎曰農夫田官也郭璞曰今之嗇夫是也然則此官選俊人主田謂之田畯典農之大夫謂之農夫以王者尤重農事知其爵爲大夫也案鄭注周禮載師云六遂餘地自三百。以外天子使大夫治之或於田農之時特命之主其田農之事以周禮無田畯正職故直云田畯。大夫春官籥章掌擊土鼓以樂田畯鄭司農云田畯古之先教田之官者但彼說祈年之祭知其祭先教者傳不解至喜之義但毛無破字之理不得以爲酒食當謂田畯來至見勤勞故喜樂耳○箋喜讀至成之○正義曰箋以田畯至喜文承饁彼之下若是喜樂其事便是喜其餉食非復悅其勤勞何當於饁彼之下而說田畯喜乎饁既是食明喜亦是食故知喜讀爲饎饎酒食釋訓文李巡曰得酒食則喜歡也孫毓云小民耕農妻子相饁雖有冀缺如賓之敬大夫儼然銜命巡司何爲辱身就耕民翁嫗壟畝草間共飲食乎鄙亦甚矣而改易經字殆非作者之本旨斯不然矣飲食之事祀之所重大夫之勸迎周公籩豆有賤鄭人之愛國君欲授之以飧何獨田畯之尊不可爲之設食也說其爲設酒食言民愛其吏耳何必大夫皆仰田間食乎

政吏

有秩
嗇夫

綸似綸組似組東海有之綸今有秩嗇夫所帶糾青絲綸組綬也海中草生彩理有象之者因以名云帛似帛布似布華山有之草葉有象布帛者因以名云生華山中疏綸似綸至山有之○釋曰此辨草似綸組布帛者以其所似因名其草也綸是糾青絲繩也組綬也東海有草和理似之即名綸草組草

十三經注疏　爾雅八　釋草十三　夫

草山有草葉似帛布者因名帛草布草也○注綸今至絲綸○釋曰案漢書百官公卿大夫表云十里一亭十亭一鄉鄉有三老有秩嗇夫有游徼三老掌教化嗇夫掌獄訟游徼掌禁盜賊故漢書云張敞以鄉有秩補太守卒史又云朱邑爲桐鄉嗇夫又續漢書百官表云鄉置有秩三老游徼有秩郡所置秩百戶其鄉小者縣所置嗇夫案此則有秩嗇夫職同但隨鄉大小故名異耳名雖異皆糾青絲爲綸以帶佩之則同至東晉尚然故郭云今也張華云綸如宛轉繩　芁

爾雅
釋草

愷悌者齊風載驅篇文也毛傳云言文姜於是樂易然鄭箋云此愷悌猶言發夕也豈讀當爲闓弟古文尚書以弟爲圛圛明也然則郭云發發行也是用鄭箋爲說

**髦士官也**取俊士令居官疏髦士官也○釋曰下士髦俊也士者男子之大號言取俊士令居官也大雅棫樸云髦士攸宜是也

**畯農夫也**今之嗇夫是也○畯音俊疏畯農夫也○釋曰田畯一曰農夫孫炎曰農夫田官也皆謂主田大夫也小雅甫田曰云田畯至喜鄭箋云田畯司嗇今之嗇夫也此注云今之嗇夫是也然則田畯田官在田司主稼穡故謂之司嗇漢及東晉亦有此官謂之嗇夫故鄭郭皆云今之嗇夫也

**蓋割裂也**蓋未詳疏蓋割裂也○釋

**基設也**亦爲造設疏基經也基設也○釋曰基墻下土也又詁爲始作事謀始必經綸也郭云基業所以自經營又爲造設

**祺祥也**謂徵祥**祺吉也**祥吉之先見疏祺祥也祺吉也○釋曰舍人曰祺福之祥謂徵祥也祥即吉之先見者也故又爲吉大雅行葦云壽考維祺

**兆域也**謂塋界疏兆域也○釋曰謂塋墓界域也孝經曰卜其宅兆廣雅云兆葬地也士喪禮云筮宅冢人營之鄭注云宅葬居也然則筮得吉兆經營之以爲界域也

**肇敏也**書曰肇牽車牛疏肇敏也○釋曰謂敏疾也書曰肇牽車牛者周書酒誥文也

**挾藏也**今江東通言挾○挾音叶疏挾藏也○釋曰謂隱藏物也郭云今江東通言挾史記秦有挾書之律

**浹徹也**謂霑徹○浹音接疏浹徹也○釋曰言潤澤浹洽相霑徹也

**替廢也替滅也**亦爲滅絕疏替廢也替滅也○釋曰替謂廢已也小雅楚茨云子子孫孫勿替引之是也替又爲絕滅

**速徵也徵召也**易曰不速之客疏速徵也徵召也○釋曰轉相解也皆謂呼召注易曰不速之客者需卦上六爻辭也

**琛寶也**詩曰來獻其琛○琛敕金切疏琛寶也○釋曰謂珍寶也舍人曰美寶曰琛注詩曰來獻其琛者魯頌泮水文也

**探試也**刺探嘗試疏探試也○釋曰試謂嘗之也論語云見不善如探湯郭云刺探嘗試

**髦選也**俊士之選**髦俊也**士中之俊如毛中之髦疏髦選也髦俊也○釋曰廣異言也毛中之長毫曰髦士之俊選者借譬爲名焉故郭云士中之俊如毛中之髦

**俾職也**使供職疏俾職也○釋曰俾詁爲使言任使供職也

**紕飾也**謂緣飾見詩○紕音備疏紕飾也○釋曰謂緣飾見詩者鄘風干旄云素絲紕之是也

**淩慄也**淩懅戰慄○淩音陵**慄慼也**戰慄者憂慼疏

# 史識

壽夫

古稀十七書老施

# 告札

嗇夫書之職係書之二字幣言謂馳以幣禮天神

周禮無嗇夫之官禮云嗇夫承命告于天子鄭玄云嗇夫蓋司空之屬也嗇夫主幣禮無其文此云嗇夫馳必馳走有所取也左傳云諸侯用幣則天子亦當有用幣之處嗇夫必是主幣之官馳取幣也社神尊於諸侯故諸侯用幣於社以請救天子伐鼓于社必不用幣知嗇夫馳取幣禮天神

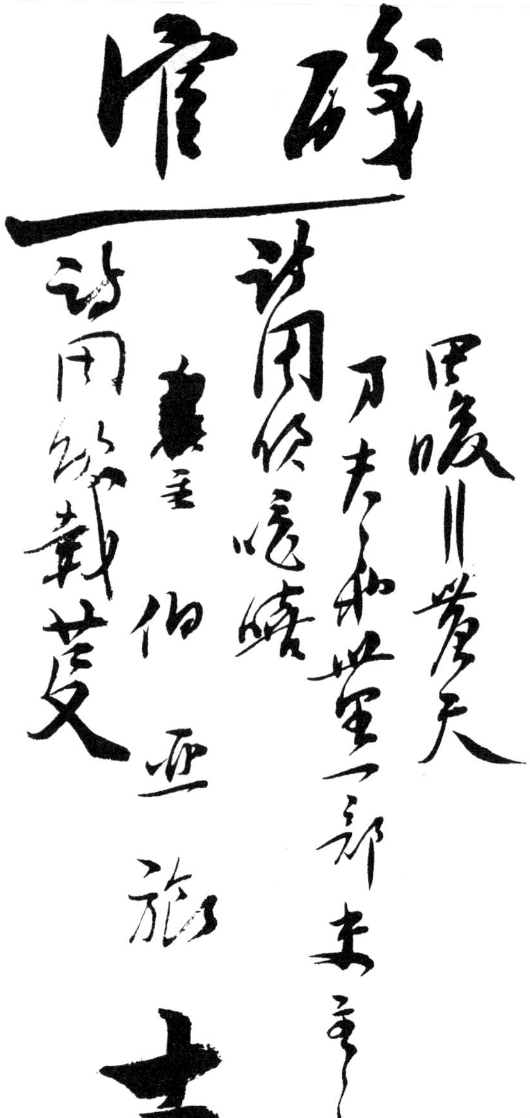

# 職官

家老〻〻

惣奉行子入用簿ハ大事〻〻數有此等役

船役　郡奉行

〻老　町奉行　作事　御大工頭〻支

算子奉行簿

# 職官（續二）

卿師大夫官爲門衛卿閑之什伍之

管子權修篇「鄉置師以說道之」「鄉與

朝治……朝不合衆鄉分治也……朝不

合衆治之重之也勉某朝不合衆見立政篇

又有立不治者立其任之本也　三本

鄉之係利——什伍

大管寰　省官　書歸篇立其二篇　幼官篇秋政　省門修鄉閭之

又八觀篇立政篇較篇治之三或先——本去以其爲風度天下游適之之什伍之也

○姑姊妹其夫死而夫黨無兄弟使夫之族人主喪妻之黨雖親弗主此謂姑姊妹無子寡而死也夫黨無兄弟無緦之親也其主喪不使妻之親而使夫之族人婦人外成主必宜得夫之姓類夫若無族矣則前後家東西家無有則里尹主之喪無無主也里尹閭胥里宰之屬王度記曰百戶爲里里一尹其祿如庶人在官者里或爲士諸侯弔於異國之臣則其君爲主里尹主之亦斯義也或曰主之而附於夫之黨妻之黨自主之非也夫之黨其祖姑也

疏○姑姊至之黨○正義曰此一節明姑姊妹在夫家而死無後使外人爲主之事夫既先死而夫之黨又無兄弟今既身死使夫之族人主其喪也○妻之黨雖親弗主者妻黨雖親不得與之爲主明婦人外成於夫不合卻歸本族也○或曰主之者或人之說云妻黨主之而附祭之時在於夫之黨主之其義非也○注喪無至義也○正義曰云喪無無主也者言死喪之禮無得無人爲之主必須有人爲主也云里尹閭胥里宰之屬也按周禮六卿之內二十五家爲閭閭置一胥中士也六遂之內二十五家爲里里置一宰下士也引王度記者更證里尹之事按別錄王度記云似齊宣王時淳于髡等所說也其記云百戶爲里里一尹其祿如庶人在官者則里尹之祿也按撰考云古者七十二家爲里洛誥傳云古者百家爲鄰三鄰爲朋三朋爲里鄭云蓋虞夏時制也其百戶爲里未知何代或云殷制云諸侯弔於異國之臣則其君爲主里尹主之亦斯義也者以臣國臣在國而死他國君來弔則君爲主死者雖有至親不得爲主今此婦人死於此里正得里尹主之妻家之親不得爲主故云亦斯義也斯此也亦是此國君爲主之義

補記下

# 官制

伯兮之伯謂州伯——州里之伯

伯兮朅兮，邦之桀兮。伯州伯也朅武貌桀特立也箋云伯君子字也桀英桀言賢也○朅丘列反桀其列反○疏傳伯州伯至特立○正義曰言爲王前驅則非賤者今言伯兮故知爲州伯謂州里之伯若牧下州伯則諸侯也非衞人所得爲諸侯之州長也謂之伯者伯長也內則云州史獻諸州伯州伯命藏諸州府彼州伯對閭史閭府亦謂州里之伯傑者俊秀之名人莫能及故云特立○箋伯君子字○正義曰伯仲叔季長幼之字而婦人所稱云伯也宜呼其字不當言其官也此在前驅而執兵則有勇力爲車右當亦有官但不必州長爲之朅爲武貌則傑爲有德故云英傑傑亦特立與傳一也

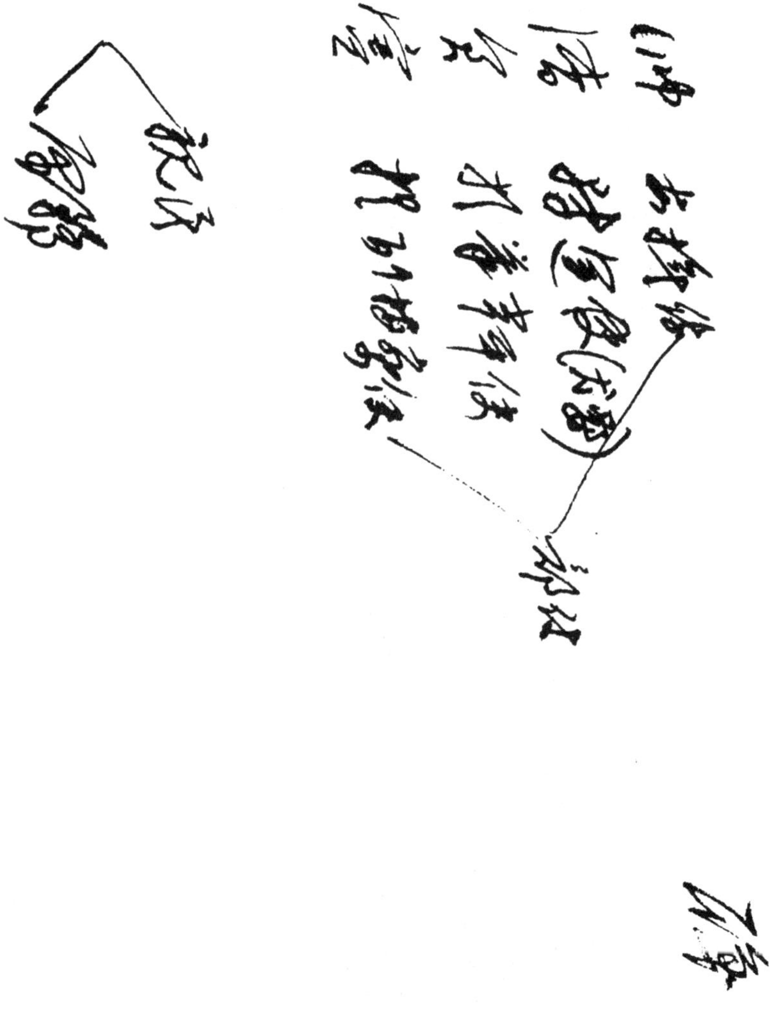

# 職官

循吏蘇瓊傳所

自[illegible]為清[illegible]中修立碑 戰[illegible]謂諸縣趙令梓

鄉[illegible]至交者[illegible]長不[illegible]多[illegible]不復[illegible]

[illegible]百姓遮路攀[illegible]不得去[illegible]葬[illegible]記

[illegible]至今道其名[illegible]

存

# 區畫

光緒三十三年民政部奏飭各省查報鄉社情形以資清
釐疏

查會典保甲長、鄉約等，本無之功令。自咸豐同
治以來，地方多事，舉凡籌防集捐，供支兵差，清
理奸宄詞訟，各牧令又無不藉鄉社之力，于是邊
縣各地名目紛立，推擇各殊，有曰鄉正、鄉耆、里正
者，有曰寨長、村長者，有曰團總、練總者，有曰
公正、公直者，有曰鎮董、村董者，有曰社首、會首

者麤雜龐雜，等不可勝舉。近年推行警察改功等，大者有則如鄉社，又多稱之長者，名目之不見也。其經理之地，有僅止一村者，有多自數村、十村者，邊、遠至如州縣，鄉保且有管轄至百十里者。此外如勢力廣狹之不同也。其更代之法，有一年一易者，有數年一易者，有輪流充當的者，有由地方官飭諭派委者，而以公眾推舉者為多。所選用者，或為生員，或為職銜軍功人員，或為平人。地方官待遇之者，或貴之如搢紳，或賤之為鬼魅。而要之官民相通，又皆以鄉社為樞紐。其以細故之裁判，公用之科攤，稟發之待贊，護田防盜之計畫，新政舊章之頒布，多賴以鄉社司之。且有牧合倚以收賦稅，集團練者。大約如古之更到田畯，固不乏人，而猶貪殘，為地方之患者，亦在所不免……。

# 區畫

此係城鎮鄉地方自治章程本也。

民國三年二月三日停辦，八年九月以布縣自治，十年七月以市自治制及鄉自治制。

區畫

四、大學區與省區　法國面積人口已如上述、其全國行　區域、分八十九區、稱曰Departement、通常誤譯曰省、實則應譯曰府、或竟譯曰縣、以其每區面積人口、較我國舊府區且小、較縣區略大也、法國革命以前、亦設省區、其面積約當於我國道區、及革命乃改今制、其分區標準、以一日能達首縣之程爲度、蓋所以改正原有省區太大之病、近百年來、火車汽車盛行、交通大便、於是原定府區、復失之太小、故近年有改區運動、欲併全國九十府爲十數經濟區、其分區標準、一以地方經濟情形爲斷

# 職官

六正 五吏 三十帥 三軍之大夫 百官之正長

師旅

○晉

襄廿五

侯濟自泮泮闕。泮普半反會于夷儀伐齊以報朝歌之役朝歌役在二十三年不書伐齊齊人逆服兵不加齊人以莊公說以弒莊公說晉也。說如字又音悅注同疏注以弒莊公說晉也。正義曰劉炫云杜意晉謀伐齊齊人乃弒莊公以說晉也炫謂莊公死後晉始謀伐齊齊人以莊公伐晉晉欲報伐莊公既以此說晉言晉讎既死今新君服從晉也使隰鉏請成慶封如師慶封獨使於晉不通諸侯故不書鉏隰朋之曾孫。鉏仕居反使所吏反男女以班賂晉侯以宗器樂器宗器祭祀之器樂器鐘磬之屬疏男女以班。正義曰劉炫云哀元年蔡人男女以辨與此同杜意男女分別將以賂晉也炫謂男女分別示晉以恐懼服罪非以為賂也自六正三軍之六卿五吏三十帥五吏文職三十帥武職皆軍卿之屬官。帥所類反注及下注將帥同疏注五吏至屬官。正義曰此齊以晉將來伐就會賂之則五吏三十帥皆軍內之官也三軍將佐有六與六正數同故以六正為六卿也其五吏三十帥皆是軍內之官以三軍與六正數同必是在軍之官但軍官不復可知下句言三軍之大夫百官之正長則軍內羣官足包之矣於大夫之上言五吏三十帥此吏帥未必貴於大夫當以有所掌故先言之耳以吏者治也故為文職帥者有所率領故為武職杜氏以意而解不能審悉故云皆軍卿之屬官略言之耳既以帥為武職則帥是大帥下句復云師旅明當小於此帥故杜以下師旅為小將帥董遇云五吏謂一正有五吏為三十帥之長亦以意言之耳俗本三十帥為三十帥非也三軍之大夫百官之正長師旅百官正長羣有司也師旅小將帥。長丁丈反注同及處守者皆有賂皆以男女為賂處守守國者。處守手反注處守同守國如字或手又反疏注皆以男女為賂。正義曰杜以上句男女以班與賂連文故云皆以男女為賂劉炫以為男女以班示降服於晉有賂者皆有貨財賂之非以男女為賂與杜異也晉侯許之晉侯受賂還不譏者齊有喪師自宜退疏注晉侯至宜退。正義曰案傳會于夷儀伐齊以報朝歌之役齊人以莊公說則晉初伐齊之日未知莊公已死齊人以說方始知之齊既有喪師自須退縱令受賂未合致譏故杜為此解而劉以為齊弒君之後晉始來伐而規杜氏非也使叔向告於諸侯告齊服公使子服惠伯對曰君舍有罪以靖小國君之惠也寡君聞命矣

# 諸侯適天子將出之禮

## 五官

〔曾子問〕孔子曰諸侯適天子必告于祖奠于禰（皆奠幣告之互文也）冕而出視朝（聽國事也……）命祝史告于社稷宗廟山川（臨川文備告宗廟孝敬之心也）乃命國家五官而後行（五官五大夫典事者此命勅之以其職）道而出（祖道也……）告者五日而徧過是非禮也（既告不敢久留）凡告用牲幣反亦如之（牲當為制字之誤也制幣一丈八尺）諸侯相見必告于禰（道近或可以不親告祖）而出視朝（……朝服）命祝史告于五廟所過山川（山川所不過則不告從於適天子也）亦命國家五官道而出反必親告于祖禰乃命祝史告至于前所告者而后聽朝而入（反如親告祖禰同出入禮）

注五官至其職　正義曰案大宰云建其牧立其監設其參傅其伍是諸侯有三

尚軍 文

[illegible]

○冬梗陽人有獄魏戊不能斷以獄上（上魏子○斷丁亂反）其大宗賂以女樂（訟者之大宗）魏子將受之魏戊謂閻沒女寬（二人魏子之屬大夫○閻以占反）曰主以不賄聞於諸侯若受梗陽人賄莫甚焉吾子必諫皆許諾退朝待於庭（魏子朝君退而待於魏子之庭○閻如字又音問）饋入召之（召二大夫食）比置三歎既食使坐（更命之令坐○比必利反令力呈反）魏子曰吾聞諸伯叔諺曰唯食忘憂吾子置食之間三歎何也同辭而對曰或賜二小人酒不夕食（或他人也言飢甚）饋之始至恐其不足是以歎中置自咎曰豈將軍食之而有不足是以再歎（魏子中軍帥故謂之將軍○咎其九反食之音嗣帥所類反本又作率同）【疏】○注魏子至將軍○正義曰晉使卿爲軍將謂之將中軍將上軍此以魏子將中軍故呼爲將軍及六國以來遂以將軍爲官名蓋其元起於此　及饋之畢願以小人之腹爲君子之心屬厭而已（屬足也言小人之腹飽猶知厭足君子之心亦宜然○屬之玉反注同厭於鹽反又於玉反注同）獻子辭梗陽人（傳言魏氏所以興也）

十三經注疏　春秋左傳五十三　昭公二十九年　十四

昭六

11

○孟子謂蚳鼃曰子之辭靈丘而請士師似也爲其可以言也今既數月矣未可以言與（蚳音遲鼃烏花反爲去聲與平聲）蚳鼃諫於王而不用致爲臣而去齊人曰所以爲蚳鼃則善矣所以自爲則吾不知也（爲去聲）公都子以告曰吾聞之也有官守者不得其職則去有言責者不得其言則去我無官守我無言責也則吾進退豈不綽綽然有餘裕哉



○孟子爲卿於齊出弔於滕王使蓋大夫王驩爲輔行王驩朝暮見反齊滕之路未嘗與之言行事也（蓋古盍反）

古註

季氏使閔子騫爲費宰孔曰費季氏邑季氏不臣而其邑宰數畔聞子騫賢故欲用之閔子騫曰善爲我辭焉孔曰不欲爲季氏宰託使者善爲我辭焉説令不復召我如有復我者孔曰復我者重來召我則吾必在汶上矣孔曰去之汶水上欲北如齊疏季氏至上矣○正義曰此章明閔損之賢也季氏使閔子騫爲費宰者費季氏邑季氏不臣而其邑宰數畔聞子騫賢故欲使之也閔子騫曰善爲我辭焉者子騫不欲爲季氏宰故語使者曰善爲我作辭説令不復召我也如有復我者則吾必在汶上矣者復重也言如有重來召我者則吾必去之在汶水上欲北如齊也○注孔曰至用之○正義曰云費季氏邑者左傳文也云季氏不臣而其邑宰數畔者僭禮樂逐昭公是不臣也昭十二年南蒯以費畔又公山弗擾以費畔是數畔也○注去之汶水上欲北如齊○正義曰地理志云汶水出泰山萊蕪西南入濟在齊南魯北故曰欲北如齊

孟武伯問子路仁乎子曰不知也孔曰仁道至大不可全名也又問子曰由也千乘之國可使治其賦也孔曰賦兵賦。不知其仁也求也何如子曰求也千室之邑百乘之家可使爲之宰也孔曰千室之邑卿大夫之邑卿大夫稱家諸侯千乘大夫百乘宰家臣不知其仁也赤也何如子曰赤也束帶立於朝可使與賓客言也馬曰赤弟子公西華有容儀可使爲行人不知其仁也

疏孟武至仁也。正義曰此章明仁之人也孟武伯問子路仁乎子曰不知也者魯大夫孟武伯問於夫子曰弟子子路有仁德否乎夫子以爲仁道至大不可全名故荅曰不知也又問者武伯意其子路有仁故夫子雖荅以不知又復問之也子曰由也千乘之國可使治其賦也不知其仁也者此夫子更爲武伯說子路之能言由也有勇千乘之大國可使治其兵賦也不知其仁也言仁道則不全也求也何如者此句又武伯問辭言弟子冉求仁道何如子曰求也千室之邑百乘之家可使爲之宰也不知其仁也者此孔子又荅武伯以冉求之能也言求也若卿大夫千室之邑百乘卿大夫之家可使爲之邑宰也仁則不知也赤也何如者此句又武伯問辭言弟子公西赤仁道何如子曰赤也束帶立於朝可使與賓客言也不知其仁也者此孔子又荅以公西赤之才也言赤也有容儀可使爲行人之官盛服束帶立於朝廷可使與鄰國之大賓小客言語應對也仁則不知。注孔曰賦兵賦。正義曰案隱四年左傳云敝邑以賦與陳蔡從服虔云賦兵也以田賦出兵故謂之兵賦正謂以兵從也其賦法依周禮九夫爲井四井爲邑四邑爲丘丘十六井出戎馬一匹牛三頭四丘爲甸甸六十四井出長轂一乘戎馬四匹牛十二頭甲士三人步卒七十二人是也。注孔曰至家臣。正義曰云千室之邑卿大夫之邑者大學云百乘之家不畜聚斂之臣鄭注云百乘之家有采地者也又鄭注云采地一同之廣輪也然則此云千室之邑百乘之家者謂卿大夫采邑地有一同民有千家者也左傳曰唯卿備百邑司馬法成方十里出革車一乘故知百乘之家地一同也。注馬曰至行人。正義曰云赤弟子公西華者案史記弟子傳云公西赤字子華鄭玄曰魯人少孔子四十二歲云有容儀可使爲行人者按周禮有大行人小行人之職掌賓客之禮儀及朝覲聘問之事言公西華任此官也

辟官選舉

仲弓爲季氏宰問政子曰先有司王曰言爲政當先任有司而後責其事赦小過舉賢才曰焉知賢才而舉之曰舉爾所知爾所不知人其舍諸孔曰女所不知者人將自舉其所知則賢才無遺

疏仲弓至舍諸○正義曰此章言政在舉賢也仲弓爲季氏宰問政者冉雍爲季氏家宰而問政於夫子也子曰先有司赦小過舉賢才者有司屬吏也言爲政當先委任屬吏各有所司而後責其成事赦放小過寛則得衆也舉用賢才使官得其人野無遺逸是政之善也曰焉知賢才而舉之者仲弓聞使舉賢意言賢才難可偏知故復問曰安知賢才而得舉用之也曰舉爾所知爾所不知人其舍諸者舍置也諸之也夫子教之曰但舉女之所知女所不知人將自舉之其肯置之而不舉乎既各舉其所知則賢才無遺

子游

孝經注疏天子有爭臣七人

之從父之令又焉得爲孝乎疏子曰至孝乎○正義曰夫子以曾參所問於理乖僻陳諫爭之義因乃誚而荅之曰汝之此問是何言與再言之者明其深不可也既誚之後乃爲曾子說必須諫爭之事言臣之諫君子之諫父自古攸然故言昔者天子治天下有諫爭之臣七人雖復無道昧於政教不至失於天下言無道者謂無道德諸侯有諫爭之臣五人雖無道亦不失其國也大夫有諫爭之臣三人雖無道亦不失於其家士有諫爭之友則其身不離遠於善名也父有諫爭之子則身不陷於不義故君父有不義之事凡爲臣子者不可以不諫爭以此之故當不義則須諫之又結此以荅曾子曰今若每事從父之令又焉得爲孝乎言不得也案曾子唯問從父之令不指當時而言昔者皇侃云夫子述孝經之時當周亂衰之代無此諫爭之臣故言昔者也不言先王而言天子者諸稱先王皆指聖德之主此言無道所以不稱先王也○注有非至不義○正義曰言父有非子從而行不諫是成父之不義云理所不可故再言之者義見於上○注降殺至國也○正義曰左傳云自上以下降殺以兩禮也謂天子尊故七人諸侯卑於天子降兩故有五人大夫卑於諸侯降兩故有三人論語云信而後諫左傳云伏死而爭此蓋謂極諫爲爭也若隨無道人各有心鬼神之主季梁猶在楚不敢伐是有爭臣不亡其國舉中而率則大夫天子從可知也不言國家嫌如獨指一國也國則諸侯也家則大夫也注賁省文故曰家國也案孔鄭二注及先儒所傳並引禮記文王世子以解七人之義案文王世子記曰虞夏商周有師保有疑丞設四輔及三公不必備惟其人又尚書大傳曰古者天子必有四鄰前曰疑後曰丞左曰輔右曰弼天子有問無對責之疑可志而不志責之丞可正而不正責之輔可揚而不揚責之弼其爵視卿其祿視次國之君大傳四鄰則見之四輔兼三公以充七人之數諸侯五者孔傳指天子所命之孤及三卿與上大夫王肅指三卿內史外史以充五人之數大夫三者孔傳指家相室老側室以充三人之數王肅無側室而謂邑宰斯並以意解說恐非經義劉炫云案下文云子不可以不爭於父臣不可以不爭於君則爲子爲臣皆當諫爭豈獨大臣當爭小臣不爭乎豈獨長子當爭其父衆子不爭者乎若父有十子皆得諫爭王之百辟惟許七人是天子之佐乃少於匹夫也又案洛誥云成王謂周公曰誕保文武受民亂爲四輔冏命穆王命伯冏惟予一人無良實賴左右前後有位之士匡其不及據此而言則左右前後四輔之謂也疑丞輔弼當指於諸臣非是別立官也謹案周禮不列疑丞周官歷敘羣司顧命總名卿士左傳云龍師鳥紀曲禮云五官六大無言疑丞輔弼專掌諫爭者若使爵視於卿祿比次國周禮何以不載經傳何以無文且伏生大傳以四輔解爲四鄰孔注尚書以四鄰爲前後左右之臣而不爲疑丞輔弼安得又采其說也左傳稱周辛甲之爲太史也命百官官箴王闕師曠說匡諫之事史爲書瞽爲詩工誦箴諫大夫規誨士傳言官師相規工執藝事以諫此則凡在人臣皆合諫也夫子言天子有天下之廣七人則足以見諫爭功之大故舉少以言之也然父有爭子士有爭友雖無定數要一人爲率自下而上稍增二人則從上而下當如禮之降殺故舉七五三人也劉炫之讜義雜合通途何者傳載忠言比於藥石逆耳苦口隨要而施若指不備之員以匡無道之主欲求不失其可得乎先儒所論今不取也○注令善至善名○正義曰令善也釋詁文云益者三友論語文即友直友諒友多聞益矣是也云言受忠告故不失其善名者論語云子貢問友子曰忠告而善道之言善名爲受忠告而後成也大夫以上皆云不失士獨云不離不離即不失也○注父失至不義○正義曰此依鄭注也案內則云父母有過下氣怡色柔聲以諫諫若不入起敬起孝說則復諫曲禮曰子之事親也三諫而不聽則號泣而隨之言父有非故須諫之以正道庶免陷於不義也

韓舉[集解]徐廣曰韓將與齊魏戰死于桑邱[集解]駰案地理志云泰山有桑邱縣[正義]括地志云桑邱城在易州遂城縣界或云在泰山非也此時齊伐燕桑邱三晉皆來救之不得在泰山有桑邱縣此說甚誤也二十四年肅侯卒秦楚燕齊魏出銳師各萬人來會葬子武靈王立[索隱]名雍武靈王元年[集解]徐廣曰年表云魏敗我趙護陽文君趙豹相梁襄王與太子嗣韓宣王與太子倉來朝信宮[正義]在洺州臨洺縣也武靈王少未能聽政博聞師三人左右司過三人及聽政先問先王貴臣肥義加其秩國三老年八十月致其禮三年城鄗四年與韓會于區鼠[正義]在河北蓋五年娶韓女爲夫人八年韓擊秦不勝而去五國相王趙獨否曰無其實敢處其名乎令國人謂己曰君九年與韓魏共擊秦秦敗我斬首八萬級齊敗我觀澤[正義]括地志云觀澤故城在魏州頓邱縣東十八里也十年秦取我西都及中陽[集解]徐廣曰年表云秦取中都西陽安邑十一年秦敗我將軍英太原有中都縣西河有中陽縣齊

侯氏裨

冕釋幣于禰將覲質明時也裨冕者衣裨衣而冠冕也裨之爲言埤也天子六服大裘爲上其餘爲裨以事尊卑服之而諸侯亦服焉上公衮無升龍侯伯鷩子男毳孤絺卿大夫玄此差司服所掌也禰謂行主遷主矣而云禰親之也釋幣者告將覲也其釋幣如聘大夫將受命釋幣于禰之禮既則祝藏其幣歸乃埋之於祧西階之東今文冕皆作絻

疏侯氏至于禰○注將覲至爲絻○釋曰此經明諸侯之在館內將覲於王先釋幣告於行主之禮知將覲質明時者案聘禮賓厥明釋幣于禰故知此亦質明時也云裨之言埤者讀從詩政事一埤益我取裨陪之義云天子六服大裘爲上其餘爲埤者天子吉服有九而言六服者據六冕而言以大裘爲上無埤義衮冕以下皆爲裨故云其餘爲裨云以事尊卑服之者即司服所云王祀昊天上帝則大裘而冕祀五帝亦如之祀先王則衮冕以下至羣小祀則玄冕舉天子而言故云以事尊卑服之云而諸侯亦服焉者亦據司服而言諸侯唯不得有大裘上公則衮冕以下故鄭云此差司服所掌也云上公衮無升龍者案白虎通引禮記曰天子乘龍載大旗象日月升龍傳曰天子升龍諸侯降龍以此言之上得兼下下不得僭上則天子升降俱有諸侯直有降龍而已若然彼升龍文承大旗之下知不施於旌旗而據衣服者案司常云交龍爲旂又云諸侯建旂注云諸侯畫交龍一象其升朝一象其下復則旌旗升降俱有而白虎通云諸侯降龍者據衣服而言案玉藻諸侯玄冕以祭不得服衮冕以下是以鄭注司服云諸侯自於其家則降若然諸侯自家祭降魯與二王之後皆不得用衮冕鷩冕毳冕則此及孤卿大夫絺冕玄冕者是入君廟及入天子之廟故服也今云諸侯告禰用裨冕者將入天子之廟故服以告禰謂若曾子問云諸侯裨冕以朝鄭注云爲將廟受亦斯之類也云禰謂行主遷主矣者案禮記曾子問云師行必以遷廟主行乎孔子曰天子巡守以遷廟主行載于齊車言必有尊也彼雖據天子其諸侯行亦然以其皆有遷廟木主若然大夫無木主聘禮賓釋幣于禰者大夫雖無木主以幣帛主其神亦爲行主也而云禰親之者以其在外唯有遷主可事故不言遷主而云禰也云其釋幣如聘大夫將受命釋幣于禰之禮者案聘禮將行釋幣于禰此禰無文故約與之同乃受命即出行故云將受命釋幣于禰皆是告將行無祭祀知既則祝藏其幣歸乃埋之於祧西階之東者此無正文案聘禮祝告祝又入取幣降卷幣實于笲埋于西階東此亦與彼同云祧者諸侯遷主藏於始祖之廟諸侯既以始祖之廟爲祧遷主歸還入祧廟故知此幣埋於祧西階之東也

乘墨車載龍旂弧韣乃朝以瑞玉有繅墨車大夫制也乘之者入天子之國車服不可盡同也交龍爲旂諸侯之所建弧所以張縿之弓也弓衣曰韣瑞玉謂公桓圭侯信圭伯躬圭子執穀璧男執蒲璧繅所以藉玉以韋衣木廣袤各如其玉之大小以朱白蒼爲六色今文玉爲圭繅或爲璪

疏乘墨至有繅○注墨車至爲璪○釋曰自此盡乃出論諸侯發館至天子廟門之外以次行覲禮之事云墨車大夫制也者案周禮巾車職云孤乘夏篆卿乘夏縵大夫乘墨車士乘棧車庶人乘役車故知乘車大夫制也必言墨車大夫制者對玉路金路象路之等天子諸侯之制也云乘之者入天子之國車服不可盡同者巾車云同姓金路異姓象路四衞革路蕃得與天子同據在本國所乘下記云偏駕不入王門偏駕金路象路等是也既不入王門舍於客館乘此墨車以朝也云交龍爲旂諸侯之所建者司常職文也云弧所以張縿之弓也者爾雅說旌旗正幅爲縿故以此弧弓張縿之兩幅故云張縿之弓也云弓衣曰韣者案月令云后妃帥九嬪御乃禮天子所御帶以弓韣授以弓矢于高禖之前言帶以弓韣韣是弓衣可知云瑞玉謂公桓圭之等皆大宗伯典瑞職文云繅所以藉玉至爲六色其義疏已見於聘禮記

天子設斧依於戶牖之間左右几依如今綈素屏風也有繡斧文所以示威也斧謂之黼几玉几也左右者優至尊也其席莞席紛純加繅席畫純加次席黼純

疏天子至右几○注依

如至黼純○釋曰云依如今綈素屏風也者案爾雅牖戶之間謂之扆以屏風爲斧文置於依地孔安國顧命傳云扆屏風畫爲斧文置戶牖間是也言綈素者綈赤也素白也漢時屏風以綈素爲之象古者白黑斧文故鄭以漢法爲況云有繡斧文所以示威也者案周禮繢人云青與赤謂之文赤與白謂之章白與黑謂之黼黑與青謂之黻五色備謂之繡此白黑斧以比方繡次爲之故云有繡斧文所以示威也云斧謂之黼者據繡次言之白與黑謂之黼即爲此黼字也據文

體形質言之刃白而銎黑則爲此斧字故二字不同也云几玉几也者案周禮司几筵云左右玉几故知此几是玉几也注左右有几優至尊也亦與此同又案大宰云贊玉几鄭注云玉几王所依也立而設几優尊者但几唯須其一又几坐時所以馮依今左右及立而設之皆是優至尊也兩注相兼乃具云其席莞席以下亦司几筵文案彼云大朝覲大饗射凡封國命諸侯王位設黼依依前南鄉設莞席紛純等鄭注云紛純者紛如綬有文而狹繅席者削蒲蒻展之編以五采若今合歡矣畫純者謂畫雲氣次席者桃枝席有次列成文此次席即顧命所謂篾席也篾謂竹靑篾竹而言次謂次列據文體而說是以顧命云牖間南嚮敷重篾席孔傳云桃枝竹義與鄭同

天子袞冕負斧依

袞衣者裨之上也續之繡之爲九章其龍天子有升龍有降龍衣此衣而冠冕南鄉而立以俟諸侯見

疏 天子袞冕負斧依○注袞衣至侯見○釋曰云負斧依者負謂背之南面也云袞衣者裨之上也者但裨衣者自袞冕至玄冕五者皆裨衣故云裨之上也上文云裨衣者揔五等諸侯指其衣有三等不得定其衣號故言揔裨衣此據天子一身故指其衣體言袞冕云續之繡之爲九章者衣續而裳繡衣在上爲陽陽主輕浮故對方爲續次裳在下爲陰陰主沈深故刺之爲繡次是以尚書衣言作續裳言紩繡爲九章者鄭注司服云冕服九章登龍於山登火於宗彝尊其神明也九章初一曰龍次二曰山次三曰華蟲次四曰火次五曰宗彝皆畫以爲續次六曰藻次七曰粉米次八曰黼次九曰黻皆絺以爲繡則袞之衣五章裳四章凡九也云南鄉而立者此文及司几筵雖不云立案下曲禮云天子當宁而立又云當扆而立在朝在廟皆云立故知此南面而立以俟諸侯之見也

嗇夫承命告于天子

嗇夫蓋司空之屬也爲末擯承命於侯氏下介傳而上上擯以告于天子天子見公擯者五人見侯伯擯者四人見子男擯者三人皆宗伯爲上擯春秋傳曰嗇夫馳

疏 嗇夫至天子○注嗇夫至夫馳○釋曰云嗇夫蓋司空之屬也者無正文知司空屬者案五官之内無嗇夫之名故知是司空之屬但司空職亡故言蓋以疑之云末擯承命於侯氏下介傳而上上擯以告于天子者案周禮司儀職兩諸侯相朝皆爲交擯則此諸侯見天子交擯可知此所陳擯介當在廟之外門東陳擯從北鄉南門西陳介從南鄉北各自爲上下此經先云嗇夫承命告于天子則命先從侯氏出下文天子得命呼之而入命又從天子下至侯氏即令入故下注云君乃許入若然此覲遇之禮畧唯有此一辭而已無三辭之事司儀云交擯三辭者據諸侯自相見於大門外法其天子春夏受享於廟見於大門外亦可交擯三辭矣云天子見公擯者五人以下並大行人文云皆宗伯爲上擯者案大宗伯職云朝覲會同則爲上相鄭注云相詔王禮也出接賓曰擯入詔禮曰相若四時常朝則小行人爲承擯故小行人職云將幣爲承而擯此文嗇夫爲末擯若子男三擯此則足矣若侯伯四擯別增一士若上公五擯更別增二士若時會殷同則肆師爲承擯故肆師職云大朝覲佐擯鄭注云爲承擯是其義也引春秋傳者案左氏傳昭十七年夏六月朔日有食之叔孫昭子救日食引夏書云辰不集于房瞽奏鼓嗇夫馳庶人走鄭引者欲見嗇夫是卑官得爲末擯之意也

天子曰非他伯父實

來予一人嘉之伯父其入予一人將受之言非他者親之辭嘉之者美之辭也上擯又傳此而下至嗇夫侯氏之下介受之傳而上上介以告其君君乃許入今文實作寔嘉作賀【疏】天子至受之○注言非至作賀○釋曰此經直云伯父其入不云迎之禮記郊特牲云覲禮天子不下堂而見諸侯故無迎法若然案夏官齊僕云掌馭金路以賓朝覲宗遇饗食皆乘金路其法儀各以其等爲車送逆之節者覲遇雖無迎法至於饗即與春夏同故連言之

侯氏入門右坐奠圭再拜稽首入門而右執臣道不敢由賓客位也卑者見尊奠摯而不授【疏】侯氏至稽首○注入門至不授○釋曰云卑者見尊奠摯而不授者案士昏禮云壻執鴈升奠鴈又云若不親迎則婦入三月然後壻見主人出門壻入門奠摯再拜出鄭注云奠摯者壻有子道不敢授也又士相見凡臣見於君奠摯再拜與此奠圭皆是卑者不敢授而奠之

擯者謁謁猶告也上擯告以天子前辭欲親受之如賓客也其辭所易者曰伯父其升【疏】擯者謁○注謁猶至其升○釋曰云其辭所易者曰伯父其升者此又不見謁告之辭鄭注云上擯告以天子前辭者謂擯者謁以上辭云天子曰非他伯父實來予一人嘉之伯父其入予一人將受之是擯者於門外傳王辭告之使入此擯者謁告還用彼辭所改易者唯改入字爲升故云伯父其升也以其喚使升堂親受之也

侯氏坐取圭升致命王受之玉侯氏降階東北面再拜稽首擯者延之曰升升成拜乃出擯者請之侯氏坐取圭則遂左降拜稽首送玉也從後詔禮曰延延進也【疏】侯氏至乃出○注擯者至進也○釋曰云侯氏坐取圭則遂左降者以經侯氏得擯者之告坐取圭即言升致命無出門之文明知遂向門左從左堂塗升自西階致命也云從後詔禮曰延延進也者以其賓升堂擯者不升若特牲少牢祝延尸使升尸升祝從升與此文同皆是從後詔禮之事

天子死曰崩諸侯曰薨大夫曰卒士曰不祿庶人曰死異死名者為人褻其無知若猶不同然也自上顛壞曰崩薨頹壞之聲卒終也不祿不終其祿死之言澌也精神澌盡也○傎音顛澌本又作𣨛同音賜在牀曰尸尸陳也言形體在○在棺曰柩柩之言究也○柩音舊白虎通云久也疏天子至曰柩○正義曰此一節論死後稱謂尊卑不同之事各隨文解之但生時尊卑著見可識而死蔭為野土嫌若可棄而稱輕褻之故為制尊卑之名則明其猶有貴賤之異也○崩者墜壞之名譬若天形墜壓然則四海必覩古之王者登假也則率土咸知故曰崩○諸侯曰薨者薨者崩之餘聲也而詩云蟲飛薨薨是聲也諸侯卑死不得效崩之形但如崩後之餘聲遠劣於形壓諸侯之死知者亦局也○大夫曰卒者卒畢竟也大夫是有德之位仕能至此亦是畢了○平生故曰卒也○士曰不祿者士祿以代耕而今遂死是不終其祿○庶人曰死者死者澌也澌是消盡無餘之目庶人極賤生無令譽死絕餘芳精氣一去身名俱盡故曰死今俗呼盡為澌即舊語有存者也云崩薨異號至葬同者以臣子藏其君父安厝貴賤同也○在床曰尸者尸陳也古人病困氣未絕之時下置在地氣絕之後更還牀上所以如此者凡人初生在地既病將死故下復其初生冀脫得死重生也若其不生復反本床既未殯斂陳列在牀故曰尸也白虎通云失氣亡神形體獨陳是也言形體在也○在棺曰柩者柩究也三日不生斂之在棺死事究竟於此也白虎通云柩究也久也不復變色然尸柩亦通名也案曾子問云如小斂則子免而從柩此謂小斂舉尸在為柩也春秋左氏傳贈死不及尸是呼未

十三經注疏　禮記五　曲禮下　亖

葬之柩為尸羽鳥曰降四足曰漬異於人也降落也漬謂相瀸汙而死也春秋傳曰大災者何大漬也○降戶江反又音絳注同漬辭賜反瀸子廉反汙穢汙之汙一作汗戶旦反疏羽鳥至曰漬○鳥獸死異名也降落也羽鳥飛翔之物今云其降落是知死也○四足曰漬者牛馬之屬也若一箇死則餘者更相染漬而死今云其漬則知死也異於人耳春秋傳曰大災者何大漬也公羊莊二十年夏齊大災大災者何大瘠也大瘠者何痢也注云痢者民疾疫也然此云漬彼云瘠字異而意同也者死寇曰兵異於凡人當饗祿其後祭王父曰皇祖考王母曰皇祖妣父曰皇考母曰皇妣夫曰皇辟更設稱號尊神異於人也皇君也考成也言其德行之成也妣之言媲也媲於考也辟法也妻所取法也○妣必履反辟婢亦反徐扶亦反稱尺證反下之稱皆同行下孟反下同媲普計反疏死寇至皇辟○死寇曰兵○謂父祖死君之寇而子孫為名也言人能為國家捍難禦侮為寇所殺者謂為兵兵器仗之名言其為器仗之用也故君恒祿恤其子孫異於凡人也故鄭云當饗祿其後春饗孤子是也○祭王至皇辟○此更為神設尊號亦廣其義也○王父祖父也皇君也考成也此言祖有君德已成之也○王母曰皇祖妣者王母祖母也妣媲也言得媲匹於祖也○父曰皇考母曰皇妣者義如上祖父母也○夫曰皇辟者辟法也夫是妻所取法如君故言君法也○注皇君至法也○正義曰皇君也考成也辟法也皆釋古文也生曰父曰母曰妻死曰考曰妣曰嬪嬪婦人有法度者之稱也周禮九嬪掌婦學之法教九御婦德婦言婦容婦功疏生曰至曰嬪○生時所稱也不言祖及夫者以生號無別稱也○死曰考曰妣曰嬪者嬪婦人有法度之名也前是宗廟之祭加其尊稱故父母並曰皇也此謂非祭時所稱也○注嬪婦至婦功○正

義曰周禮九嬪掌婦學之法教九御者此證嬪有德之名周禮以九嬪教宮内之婦人學四德也謂九御者自世婦以下九九而御者也嬪所教不教后夫人及世婦唯教九御而已云婦德婦言婦容婦功者此九嬪所教之事也婦德謂貞順也婦言謂辭令也婦容謂婉娩也婦功謂絲枲也○此生死異稱出爾雅文言其別於生時耳若通而言之亦通也尚書云大傷其考心又云聰聽祖考之彝訓倉頡篇云考妣延年又云嬪于虞詩大明云曰嬪于京周禮九嬪之官並非生死異稱矣

**壽考曰卒短折曰不祿**　祿謂有德行任爲大夫士而不爲者老而死從大夫之稱少而死從士之稱○折市設反任音壬又如字

**疏**　壽考至不祿○此並是有德未經仕而死者之稱也壽考老也短折少也若有德不仕老而死者從大夫之稱故曰卒也若少而死者則從士之稱故曰不祿○注有德至之稱○正義曰鄭知有德行任爲大夫士而不爲者若實是大夫士前文已顯今更別云卒與不祿同大夫士之稱故知堪爲大夫士而不爲者檀弓云君子曰終小人曰死與此不同者此據年之老者從大夫之稱少者從士之稱檀弓不徵年之老少但據君子取終其成功小人精神盡澌與此別也○

勉案(一)壽者七十而後所得大夫稱死之名而士乃稱祿(四)上文同周禮年而同大夫士庶人之年(三)此老而死以大夫稱少從士稱(四)檀弓君子曰終君子大夫通皆稱大夫年皆長壽蓋獲少而士乃加所而大夫

○尊有玄酒教民不忘本也者此覆說上文尊有玄酒貴其質也 賓必南鄉東方者春春之爲言蠢也產萬物者聖也南方者夏夏之爲言假也養之長之假之仁也西方者秋秋之爲言愁也愁之以時察守義者也北方者冬冬之爲言中也中者藏也是以天子之立也左聖鄉仁右義偝藏也 春猶蠢也蠢動生之貌也聖之言生也假大也愁讀爲揫揫斂也察猶察察嚴殺之貌也南鄉鄉仁貴長大萬物也察或爲殺○鄉許亮反下及注鄉仁南鄉東鄉皆同蠢尺允反蠢動生之貌夏戶嫁反下同假古雅反下同愁依注讀爲揫子留反下同爾雅云揫察也藏如字下同徐才浪反偝音佩殺如字又色戒反 介必東鄉介賓主也 獻酬之禮主人將西賓將南介覸其間也○覸音間廁之間 主人必居東方東方者春春之爲言蠢也產萬物者也主人者造之產萬物者也 言禮之所共由主人出也○共音恭 月者三日則成魄三月則成時是以禮有三讓建國必立三卿三賓者政教之本禮之大參也 言禮者陰也大數取法於月也○成魄普伯反參七南反

疏 賓必至參也○正義曰此一節更摠明鄉飲酒禮坐位所在并明三揖三讓每事皆三之義○產萬物者聖也者聖之言生也東方產育萬物故爲聖也○養之長之假之仁也者假大也言養育萬物長之使大仁恩也五行春爲仁夏爲禮今春爲聖夏爲仁者春夏皆生養萬物俱有仁恩之義故此夏亦仁也聖既生物以生物言之則謂之聖故東方爲聖也各以義言之理亦通也○中者藏也者言北方主智亦爲信也若以五行言之則爲信若以萬物歸藏言之則爲藏也○介必東鄉介賓主也者主獻賓東西行就賓賓又南行將就主人介在西階之上以介閒隔賓主之間也○主人者造之產萬物也者釋所以主人居東方之意東方產育萬物主人共客所須故主人造爲產萬物之象也○月者三日則成魄魄者謂月盡之後三日乃成魄魄謂明生傍有微光也此謂月明盡之後而生魄非必月三日也若以前月大則月二日生魄前月小則三日乃生魄○三賓者政教之本者凡建國既立三卿助君治國今鄉飲酒立三賓象國之立三卿故云政教之本也○注言禮者陰也大數取法於月也○正義曰樂既爲陽故禮爲陰月是陰精故禮之數取法於月也

# 職官

爲十三年楚弑靈王傳 疏 道以至已矣。正義曰以不義謂之爲道而淫虐爲之民所不堪不可久矣 ○夏四月趙孟叔孫豹曹大夫入于鄭 會罷過鄭。過古禾反
鄭伯兼享之子皮戒趙孟 戒享期 禮終趙孟賦瓠葉 受所戒禮畢而賦詩瓠葉詩小雅義取古人不以微薄廢禮雖瓠葉兔首猶與賓客享之。瓠戶故反客享之
許丈反又普庚反 子皮遂戒穆叔且告之 告以趙孟賦瓠葉 穆叔曰趙孟欲一獻 瓠葉詩義取薄物而以獻酬知其一獻 子其從之子
皮曰敢乎 言不敢 穆叔曰夫人之所欲也又何不敢 夫人趙孟。夫音扶注同 及享具五獻之籩豆於幕下
朝聘之制大國之卿五獻。幕武博反 疏 注朝聘至五獻。正義曰周禮大行人稱上公饔餼九牢饗禮九獻侯伯七獻子男五獻皆獻數各同饔餼之數也案聘禮卿聘饔餼五牢故卿皆五獻至春秋之時大國之卿乃得從卿禮
若次國之卿依大國大夫之制唯三獻耳故杜此注云大國之卿五獻又昭六年傳注云大夫三獻是也 趙孟辭 趙孟自以今非聘鄭故辭五獻 私於子產 私語 曰武請於冢宰
矣 冢宰子皮謂賦瓠葉 乃用一獻趙孟爲客禮終乃宴 卿會公侯享宴皆折俎不體薦。折之設反 疏 注卿會至體薦。正義曰傳言禮終乃宴謂之享禮既終即因
而爲宴不待異日也杜解享宴禮異所以得相因者以其殽俎同故也宣十六年傳云王享有體薦宴有折俎公當享卿當宴王室之禮也彼傳之意言享公當依享法有體薦也享卿當如宴法有折俎也彼王自言之故云王室禮耳其實諸
侯之待公卿禮亦當然以卿會公侯享宴皆折俎不體薦享宴俎同故得因行禮也 穆叔賦鵲巢 鵲巢詩召南言鵲有巢而鳩居之喻晉君有國趙孟治之 趙孟曰武不堪也又賦
采蘩 亦詩召南義取蘩菜薄物可以薦公侯享其信不求其厚。蘩音煩 曰小國爲蘩大國省穡而用之其何實非命 穆叔言小國微薄猶蘩菜大國能省
愛用之而不棄則何敢不從命。穡愛也。省所景反徐所幸反注同 子皮賦野有死麕之卒章 野有死麕詩召南卒章曰舒而脫脫兮無感我帨兮無使尨也吠脫脫安徐帨佩巾義取君子徐以
禮來無使我失節而使狗驚吠喻趙孟以義撫諸侯無以非禮相加陵。麕亦作麏九倫反脫吐外反帨始銳反尨武江反吠扶廢反 趙孟賦常棣 常棣詩小雅取其凡今之人莫如兄弟言欲親兄弟之國。常棣直
計反 且曰吾兄弟比以安尨也可使無吠 受子皮之詩。比毗志反下注德比同 穆叔子皮及曹大夫興拜 三大夫皆兄弟國興
起也 舉兕爵曰小國賴子知免於戾矣 兕爵所以罰不敬言小國蒙趙孟德比以安自知免此罰戮。兕徐履反戾力計反注同 飲酒樂趙孟出曰
吾不復此矣 不復見此樂。樂音洛注同復扶又反注及下不復年幷注同 天王使劉定公勞趙孟於潁館於雒汭 王使劉夏潁水出陽
城縣雒汭在河南鞏縣南水曲流爲汭。勞力報反下以勞之同潁營井反汭如銳反夏戶雅反

昭元

昭元

傳十三年春公至自晉孟獻子書勞于廟禮也書勳勞於策也桓二年傳曰公至自唐告於廟也凡公行告於宗廟反行飲至舍爵策勳焉禮也桓十六年傳又曰公至自伐鄭以飲至之禮也然則還告廟及飲至及書勞三事偏行一禮則亦書至悉闕乃不書至傳因獻子之事以發明凡例釋例詳之。舍如字又音捨

疏注書勳至詳之。正義曰其書勞與策勳一也周禮王功曰勳事功曰勞對則勳大而勞小故傳變文以包之注云書勳勞於策明其不異也桓二年傳發凡例有告廟也飲至也策勳也桓十六年傳言飲至此年傳言書勞二者各舉其一所以反覆凡例以此知三事偏行一禮則亦書至悉闕乃不書至耳所云偏行一禮謂偏行告至其飲至策勳則不可偏行也何則告廟因行飲至舍爵而卽策勳策勳飲至並行之於廟豈得不告至而在廟聚飲乎不告至而入廟書勞乎明其決不然矣但告至巳後或飲至而不書勞或書勞而不飲至二事或有闕其一者傳因獻子書勞復言禮也所以發明凡例釋例曰公行或朝或會或盟或伐得禮失禮其事非一故傳隨而釋之於盟釋告廟嫌他例不通故復揔云凡公行告于宗廟反行飲至舍爵策勳焉禮也此以明公之出竟當無不告及其反也則必飲至有功成策勳故公至自伐鄭傳重言以飲至之禮孟獻子書勞于廟傳復云禮所以反覆凡例也公朝於晉而獻子書勞知策勳非唯討伐之功雖或常行有以定國安民亦書功於廟也然則凡反行飲至必以嘉會昭告祖禰勳

襄十三

# 奄官

地官之女奄及奄

舂人奄二人女舂抌二人奚五人

饎人奄二人女饎八人奚四十人

槀人奄八人女槀每奄二人奚五人

職

凡三王教世子必以禮樂

大傅少傅 師保

語曰虞夏商周有師保有疑丞設四輔及三公不必備

唯其人——古文記 語古天子——必備疑丞輔弼

周凡三王教世子 見前 君之謂也

文王世子

制大 師保

公士　在官之士

鄉射使處士者爲賓若有大夫來則易以公士

鄉飲酒用處士者爲賓其次爲介又次爲衆賓大夫來不易

記大夫與則公士爲賓不敢使鄉人加尊於大夫也○公士在官之士鄉賓主用處士疏記大至爲賓○注不敢至處士○釋曰據此鄉射使處士無爵命者爲賓故有大夫來不以鄉人加尊於大夫故易去之使公士爲賓若然鄉飲酒貢士法賢者爲賓其次爲介又其次爲衆賓有大夫來不易去之以其賓擬貢故也云鄉賓主用處士即君子者也

使能不宿戒能者敵於事不待宿戒而習之疏使能不宿戒○注能者至習之○釋曰解上賓用處士云能者敵於事者孝經云參不敏鄭云敏猶達也則此通達於事

職官　三老

一律改

魏文侯時西門豹爲鄴令〔正義〕今相州縣也豹往到鄴會長老問之民所疾苦長老曰苦爲河伯娶婦〔正義〕河伯華陽潼鄉人姓馮氏名夷浴於河中而溺死遂爲河
伯娶婦也以故貧豹問其故對曰鄴三老廷掾常歲賦斂百姓收取其錢得數百萬用其二三十萬爲河伯娶婦與祝巫共分其餘
錢持歸當其時巫行視人家女好者云是當爲河伯婦即娉取洗沐之爲治新繒綺縠衣閒居齋戒爲治齋宮河上張緹絳帷
〔正義〕緹他禮反顏野王云黃赤色也又音啼厚繒也女居其中爲具牛酒飯食行十餘日共粉飾之如嫁女床席令女居其上浮之河中始浮行數十里
乃沒其人家有好女者恐大巫祝爲河伯取之以故多持女遠逃亡以故城中益空無人又困貧所從來久遠矣民人俗語曰
即不爲河伯娶婦水來漂沒溺其人民云西門豹曰至爲河伯娶婦時願三老巫祝父老送女河上〔正義〕三老亭幸來告語之吾亦
往送女皆曰諾至其時西門豹往會之河上三老官屬豪長者里父老皆會以人民往觀之者三二千人其巫老女子也已年
七十從弟子女十人所皆衣繒單衣立大巫後西門豹曰呼河伯婦來視其好醜即將女出帷中來至前豹視之顧謂三老巫
祝父老曰是女子不好煩大巫嫗爲入報河伯得更求好女後日送之即使吏卒共抱大巫嫗投之河中有頃曰巫嫗何久也
弟子趣之復以弟子一人投河中有頃曰弟子何久也復使一人趣之復投一弟子河中凡投三弟子西門豹曰巫嫗弟子是
女子也不能白事煩三老爲入白之復投三老河中西門豹簪筆磬折〔正義〕簪筆謂以毛裝簪頭長五寸插在冠前謂之爲筆言插筆備禮也磬折謂曲體揖之若石磬之形曲折也
磬一片黑石凡十二片樹在虡上擊之其形皆中曲垂兩頭言人腰側似也嚮河立待良久長老吏傍觀者皆驚恐西門豹顧曰巫嫗三老不來還奈之何欲復使
廷掾與豪長者一人入趣之皆叩頭叩頭且破額血流地色如死灰西門豹曰諾且留待之須臾須臾豹曰廷掾起矣狀河伯
留客之久若皆罷去歸矣鄴吏民大驚恐從是以後不敢復言爲河伯娶婦

史　滑稽補

# 禮文官制

## 諸侯適天子將出之禮

### 五官

〔曾子問〕孔子曰諸侯適天子必告于祖奠于禰皆奠幣告之互文也冕而出視朝聽國事也……命

祝史告于社稷宗廟山川臨川文偏告宗廟孝敬之心也乃命國家五官而後行五官五大夫典事者令此勅之

以其職道而出祖道也……告者五日而偏過是非禮也既告不敢久留凡告用牲幣反亦如之

之牲當為制字之誤也制幣一丈八尺諸侯相見必告于禰道或所以不親告祖而出視朝朝服……朝服一令祝史

告于五廟所過山川山川所不過則不告於經天子也亦命國家五官道而出反必親告于祖禰

乃命祝史告至于前所告者而后聽朝而入反必親告祖禰同出入禮

注五官五其職　正義曰案大宰云建其牧立其監設其參傅其伍是諸侯有三

館一

聘介

館｜館於外

老

傳元年春楚公子圍聘于鄭且娶於公孫段氏。伍舉爲介（伍舉椒舉。介副也。娶七住反介音界注同）將入館（就客舍）鄭人惡之（知楚懷詐。惡烏路反）。使行人子羽與之言乃館於外（舍城外）既聘將以衆逆（以兵入逆婦）子產患之使子羽辭曰以敝邑褊小不足以容從者請墠聽命（欲於城外除地爲墠行昏禮。褊必淺反下同從才用反墠音善）令尹命大宰伯州犂對曰君辱貺寡大夫圍謂圍將使豐氏撫有而室。（豐氏公孫段。貺音況）圍布几筵告於莊共之

昭元

廟而來莊王圍之祖共王圍之父。几本亦作幾筵音延共音恭疏圍布至而來。正義曰聘禮臣奉君命聘於鄰國猶尚釋幣于禰乃行況昏是嘉禮之重故圍自布几筵告父祖之廟而來也文王世子曰五廟之孫祖
廟未毀雖爲庶人冠取妻必告鄭玄云告於君也亦既告君必須告廟君尊不主臣昏故圍自告也若野賜之是委君貺於草莽也是寡大夫不得列於
諸卿也言不得從卿禮。莽莫蕩反疏若野至卿也。正義曰言我若受野賜之禮則是委頓我君之命得貺於草莽之中則是寡大夫不得列於諸卿之位也不寧唯是又使圍蒙
其先君蒙欺也告先君而來不得成禮於女氏之廟故以爲欺先君疏不寧至先君。正義曰不寧寧也言寧有唯是之事又使圍蒙其先君連讀爲義也告廟云將向豐氏之家取妻若使受之於野不至豐氏之家是
欺先君也言又者既辱今君又辱先君故云又也將不得爲寡君老大臣稱老懼辱命而黜退其蔑以復矣唯大夫圖之子羽曰小國無
罪恃實其罪恃大國而無備則是罪將恃大國之安靖己而無乃包藏禍心以圖之小國失恃而懲諸
侯使莫不憾者距違君命而有所壅塞不行是懼言己失所恃則諸侯懲恨以距君命壅塞不行所懼唯此。懲直升反憾戶暗反壅本又作雍於勇反注
及下注同不然敝邑館人之屬也館人守舍人也其敢愛豐氏之祧祧遠祖廟祧他彫反疏注祧遠祖廟。正義曰祭法云遠廟爲祧鄭玄云祧之言超也超上
去意也以祧是尊遠之意故以祧言廟耳此公孫段是穆公之孫子豐之子其家唯有子豐之廟君若特賜或得立穆公之廟耳其家無遠祖廟也杜言遠祖廟者順傳文且據正法言之伍舉知其有備也
請垂櫜而入垂櫜示無弓。櫜古刀反弓衣也許之正月乙未入逆而出○楚公子圍使公子
黑肱伯州犁城犨櫟郟黑肱王子圍之弟子晳也犨縣屬南陽郟縣屬襄城櫟今河南陽翟縣三邑本鄭地。犨尺州反櫟音歷徐失灼反郟古洽反鄭人懼子產曰
不害令尹將行大事謂將弒君而先除二子也二子謂黑肱伯州犁禍不及鄭何患焉冬楚公子圍將聘于
鄭伍舉爲介未出竟聞王有疾而還伍舉遂聘十一月己酉公子圍至入問王疾縊而弒之
縊絞也孫卿曰以冠纓絞之長歷推己酉十二月六日經傳皆言十一月月誤也。介音界竟音境縊一豉反弒申志反絞古卯反疏注縊絞至誤也。正義曰孫卿姓荀名況著書一部名荀卿子漢宣帝諱詢故轉爲孫也下有十二
月甲辰朔甲辰後五日得己酉故杜以長歷推己酉是十二月六日而此郟敖之卒經傳皆云十一月己酉杜謂十一月誤者止謂十一月不得有己酉以己酉爲誤十一月非誤也必知然者若以爲十二月己酉則六日己酉子干奔晉至晉
猶見趙孟七日庚戌趙孟卒便是日相切迫無相見之理故知十一月爲是己酉爲誤劉炫以爲杜云誤者以十一月爲誤當云十二月而規杜氏非也劉炫規云杜言十一月誤當爲十二月案下文趙孟庚戌卒彼是郟敖今日死趙孟明日
卒則子干奔晉不得見趙孟而譏其祿故謂十一月是己酉字誤也遂殺其二子幕及平夏皆郟敖子。幕音莫夏戶雅反

昭元

交聘

宰夫——宰之屬

管人||館人掌次舍帷幕也||掌舍

史

賈人

聘禮君與卿圖事圖謀也謀聘故及可使者謀事者必因朝其位君南面卿西面大夫北面士東面疏聘禮至圖事○注圖謀至東面○釋曰自此盡官具論聘人及用幣之事云謀聘故及可使者謀聘者爲久無事須聘故謂有事故或因聘或特行若記云若有故則卒聘束帛加書將命是因聘者也晉侯使韓穿來言汶陽之田之類是特行者也言及可使者謂於三卿之中選可使者即經云遂命使者是也其揔三事皆須謀者也言謀事者必因朝者欲取對衆共詢之意云其位君南面已下知面位然者此儀禮之內見諸侯三朝燕朝燕禮是也又射朝大射是也不見路門外正朝正朝當與二朝面位同案燕禮大射皆云卿西面大夫北面士東面公降階南面揖之是以知正朝面位然也若天子三朝射人見射朝司士見正朝不見燕朝以諸侯正朝與燕朝同明天子燕朝亦與正朝同也

遂命使者遂猶因也既謀其人因命之也聘使卿疏遂命使者○注遂猶至使卿○釋曰云既謀其人因命之也者謂謀其人人亦在謀事之中故云因命即上注可使者是也云聘使卿者以其經云及竟張旜周禮司常云孤卿建旜故知使卿也若然使者自在謀內審知所聘之國遠近何以下記云使者既受行出遂見宰問幾月之資注云古者君臣謀密草創未知所之遠近問行用多少但所謀之時經云出聘不言其國使者不得審知故更問之是以左氏吳公子季札遂聘齊晉衛鄭之等下文云無行則重賄反幣是亦有歷聘之事也

使者再拜稽首辭辭以不敏疏使者至首辭○注辭以不敏○釋曰云辭以不敏者鄭取孝經曾子曰參不敏之辭爲義也

君不許乃退退反位也受命者必進疏君不許乃退○注退反至必進○釋曰知受命者必進者以其云退故知進乃有退法是受命前進近君也

既圖事戒上介亦如之既已也戒猶命也已謀事乃命上介難於使者易於介疏既圖至如之○注既已至於介○釋曰既謀事乃命介在謀後別命之謀使者是難謀後命介是易也

宰命司馬戒衆介衆介皆逆命不辭宰上卿貳君事者也諸侯謂司徒爲宰衆介者士也士屬司馬周禮司馬之屬司士掌作士適四方使爲介逆猶受也疏宰命至不辭○注宰上至受也○釋曰天子有六卿天地四時之官是諸侯兼官而有三卿立地官司徒兼冢宰立夏官司馬兼春官立冬官司空兼秋官是

十四

以左氏杜泄云吾子爲司徒叔孫爲司馬孟孫爲司空故禮記內則云后王命冢宰降德于衆兆民鄭云周禮冢宰掌飲食司徒掌十二教今一云冢宰記者據諸侯也諸侯并六卿爲三或兼職焉是其諸侯并六卿爲三諸侯以司徒爲冢宰義與此同宰上卿貳君事諸侯謂司徒爲宰者也云士屬司馬引周禮者案司士屬司馬而云作士適四方使爲介諸侯之司馬亦然故引以證諸侯司馬戒衆介也云不辭者是其副使之賤者故不敢辭

**宰書幣** 書聘所用幣多少也宰又掌制國之用

疏 宰書幣○注書聘至之用○釋曰宰即上命司馬兼官者也云書聘所用幣多少也者謂聘鄰國享君及夫人問卿之等幣周禮司儀云凡諸侯之交各稱其邦而爲之幣以其幣爲之禮鄭云幣享幣也於大國則豐於小國則殺是也云宰又掌制國之用者案王制云冢宰制國用必於歲之杪是以使之書幣也

**命宰夫官具** 宰夫宰之屬也命之使衆官具幣及所宜齎

疏 命宰夫官具○注宰夫至宜齎○釋曰所命者冢宰司徒命之以宰夫屬司徒周禮宰夫掌百官府之徵令故命諸官云官具者謂使宰夫命諸官所行幣幣在官之府其司非一故言衆官幣謂享幣及問大夫問卿摠具之及所宜齎者謂行道所用多少皆是

**及期夕幣** 及猶至也夕幣先行之日夕陳幣而視之重聘也

疏 及期夕幣○注及猶至聘也○釋曰自此盡受書以行論陳幣付使者之事云夕幣先行之日夕知者下云厥明釋幣于禰是行日明此夕是先行之日夕也云視之者正謂賓及衆介視之故下云使者朝服帥衆介夕注云視其事是也

**使者朝服帥衆介夕** 視其事也古文帥皆作率

**管人布幕于寢門外** 管猶館也館人謂掌次舍帷幕者也布幕以承幣寢門外朝也古文管作官今文布作敷

疏 管人至門外○注管猶至作敷○釋曰云館人謂掌次舍帷幕者也者案天官有掌舍掌次幕人等掌次云有邦事則張幕設案掌舍職云爲帷宮設旌門又幕人云掌帷幕幄帟綬之事鄭云在旁曰帷在上曰幕幕或在地展陳于上即此布幕是也館人即彼掌舍以諸侯兼官故鄭摠言之也云幕以承幣者即下文官陳幣是也云寢門外朝也者謂路門外即正朝之處也下記云宗人授次次以帷則館人與宗人共掌之若賓客則宗人掌之也

**官陳幣皮北首西上加其奉於左皮上馬則北面奠幣于其前** 奉所奉以致命謂束帛及玄纁也馬言則者此享主用皮或時用馬馬入則在幕南皮馬皆乘古文奉爲卷今文無則

疏 官陳至其前○注奉所至無則○釋曰云官陳幣者即上文官具者也館人布幕於地官陳幣於其上云奉所奉以致命謂束帛及玄纁也者所奉謂後享時奉入以致命故知是以下文享時所致束帛加璧以享君玄纁加琮以享夫人鄭不言璧琮者璧琮不陳厥明乃授之也云馬言則者此享主用皮或時用馬者主用皮謂有皮之國國無皮者乃用馬故下云庭實皮則攝之鄭注皮言則者或用馬也記云皮馬相間可也注間猶代也土物有宜也云馬入則在幕南者以經云馬則北面奠幣于其前也是馬在幕南故下展幣時云馬則幕南北面奠幣于其前也知皮馬皆乘者案下賓覿時云總乘馬又云禮玉束帛乘皮是皆乘也

**使者北面衆介立于其左東上** 既受行同位也位在幕南

疏 使者至東上○注既受至幕南○釋曰云既受行同位者對未受命行已前卿大夫士面位各異是以記云使者既受行日朝同位鄭注云謂前夕幣之間同位者使者北面介立于其左少退別其處臣也是也知在幕南者幣在幕上使者須視幣故在幕南也

**卿大夫在幕東西面北上**

# 卿大夫

季氏之宰叛

○季平子立而不禮於南蒯蒯南遺之子季氏費邑宰○蒯苦怪反費音秘南蒯謂子仲子仲公子慭吾出季氏而歸其室於公室季氏家財子更其位更代也○更音庚注同我以費爲公臣子仲許之南蒯語叔仲穆子且告之故穆子叔仲帶之子叔仲小也語以欲出季氏以不見禮故○語魚據反注同季悼子之卒也叔孫昭子以再命爲卿悼子季武子之子平子父也傳言叔孫之見命乃在平子爲卿之前及平子伐莒克之更受三命十年平子伐莒以功加三命昭子不伐莒亦以例加爲三命疏○季悼至爲卿○正義曰悼子之卒不書於經則是未爲卿也其卒當在武子之前平子以孫繼祖武子卒後即平子立也傳言悼子卒者欲見昭子爲卿遠在平子之先○注十年至三命○正義曰十年平子伐莒名書於經即平子於時已爲卿矣釋例曰魯之叔孫父兄再命而書於經晉司空亞旅一命而經不書推此知諸侯之卿大夫再命以上皆書於經自一命以下大夫及士經皆稱人名氏不得見也劉賈云春秋之序三命以上乃書於經穎氏以爲再命稱人傳云叔孫昭子三命踰父兄昭公十年昭子始加三命先此叔孫皆自見經知所書皆再命也是杜檢傳文知再命書名平子伐莒書名知其已再命矣平子伐莒克之昭子不伐莒也昭子無功而更受三命知平子以功加三命昭子以例加爲三命也叔仲子欲構二家欲構使相憎謂平子曰三命踰父兄非禮也言昭子受三命自踰其先人疏注言昭至先人○正義曰禮記文王世子云其朝于公内朝庶子治之雖有三命不踰父兄鄭玄云治之治公族之禮也唯於内朝則然其餘會聚之事則與庶姓同一命齒于鄉里再命齒于父族三命不齒不齒者不在父兄行列中也彼言三命不踰父兄者自謂在公内朝位在父兄下耳非謂不得受三命踰父兄也叔仲子欲構二家因禮有三命不踰父兄之法遂言昭子受三命自踰其先人以此爲非禮也平子初得其言不甚曉解故使昭子令自貶黜見昭子不服乃自知其非故懼而歸罪於叔仲子也昭子無兄叔仲子引禮法連言之耳平子曰然故使昭子使昭子自貶黜昭子曰叔孫氏有家禍殺適立庶故婼也及此禍在四年○適丁歷反若因禍以斃之則聞命矣言因亂討己不敢辭若不廢君命則固有著矣著位○丈昭子朝而命吏曰婼將與季氏訟書辭無頗頗偏也○頗普何反季孫懼而歸罪於叔仲子故叔仲小南蒯公子

昭十二

# 職官

命數

王儀　公侯伯子男之儀

上公八　王之三公有德者加命爲二伯

二王之後

國家—國之所居謂城方也

城及宮之方數—鄭兩解不定之

出封加命—出加入減　出加入不加減

二王之後稱公—杞宋爲例外—古國稱侯—虞號爲例外

古爲陽字

大子命諸侯子爲國子｜降諸侯一等｜居

蓋則稱子亦得與諸侯同

視小國之君｜公卿大夫之位稱子男

另稱

王制小國卿皆此二卿　卿命於天子九字

典命掌諸侯之五儀諸臣之五等之命五儀公侯伯子男之儀五等謂孤以下四命三命再命一命不命也或言儀或言命互文也故書儀作義鄭司農義讀爲儀 疏注五儀至爲儀○釋曰云五儀公侯伯子男之儀者此五儀有三等之命命雖有同者其儀皆異若言大宗伯注云每命異儀貴賤之位乃正是命異儀即異此則命同儀有異於義乖者但大宗伯經云九儀之命據九等之命爲九儀故注每命異儀是命異儀即異經云掌諸侯之五儀即是據五等之爵爲五儀是以命同儀有異此乃各有所據於義無乖也云五等謂孤以下四命三命再命一命不命也鄭知義然者此經諸臣五等在諸侯之下則還據諸侯之下臣有五等而言諸侯之下既無四命以至五命明臣有五等通不命也是以諸侯及諸臣皆據下文諸侯諸臣而充此上之數也故下文諸侯下說大國孤四命其卿三命大夫再命士一命侯伯之卿已下如公國五命三等云或言儀或言命互文也者謂或言儀者亦有命此則諸侯之命也或言命者亦有儀此乃臣之儀也今若據爵而言則孤卿大夫士四等之儀也若據命而說則通不命爲五儀上公九命爲伯其國家宮室車旗衣服禮儀皆以九爲節侯伯七命其國家宮室車旗衣服禮儀皆以七爲節子男五命其

國家宮室車旗衣服禮儀皆以五爲節〔上公謂王之三公有德者加命爲二伯二王之後亦爲上公國家國之所居謂城方也公之城蓋方九里宮方九百步侯伯之城蓋方七里宮方七百步子男之城蓋方五里宮方五百步大行人職則有諸侯圭藉冕服建常樊纓貳車介牢禮朝位之數焉○樊步干反介音介〕

〔疏〕注上公至數焉○釋曰鄭云上公謂王之三公有德者加命爲二伯者案下文三公八命出封皆加一等謂若周公大公有德封於齊魯身雖在王朝使其子就國亦是出封加命爲上公九命者此上公則爲二伯分陝者也故大宗伯云九命作伯是也云二王之後亦爲上公者案孝經緯援神契云二王之後稱公大國稱侯故知也若然宋公爲殷之後稱公春秋之代杞爲夏後或稱侯或稱伯或稱子者杞君無道或用夷禮故貶之而不稱公也若虞公虢公非王之三公出封亦得稱公者此殷時稱公武王滅殷虞虢無過可退無功可進雖周之親戚仍守百里之地而稱公也自外雖是周之同族有出封惟稱侯伯而已是以魯晉鄭衛等皆稱侯伯鄭注巾車云王子母弟雖爲侯伯畫服如上公乘金路是也云國家國之所居謂城方也者若孝經諸侯稱國大夫稱家今此文無卿大夫則國家揔據諸侯城方者也云公之城蓋方九里云云此經國家及宮室車旗以下皆依命數而言既言國家宮室以九以七以五爲節以天子城方十二里而言此九七五亦當爲九里七里五里爲差矣但無正文故言蓋以疑之也案書無逸傳云古者百里之國九里之城玄或疑焉周禮匠人營國方九里謂天子之城今大國與之同非也然大國七里次國五里小國三里之城爲近可也或者天子實十二里之城諸侯大國九里次國七里小國五里如是鄭自兩解不定鄭必兩解者若案匠人營國方九里據周天子而言則公宜七里侯伯宜五里子男宜三里爲差也若據此文九命者以九爲節七命者以七爲節五命者以五爲節又案文王有聲箋云築城伊洫適與成方十里等小於天子大於諸侯以其雖改殷制仍服事殷未敢十二里據此二文而言則周之天子城方十二里公宜九里侯伯宜七里子男宜五里也若周天子十二里則匠人云九里或據異代法以其匠人有夏殷法故也鄭不言異代者以其無正文不敢斥言也是以隱公元年祭仲云都城不過百雉雉長三丈百雉五百步大都三之一則鄭是伯爵城有千五百步爲五里是公七里侯伯五里子男三里矣此賈服杜君等義與鄭玄一解也鄭又云鄭伯之城方七里大都三之一方七百步實過百雉矣而云都城不過百雉舉子男小國之大都以駁京城之大其實鄭之大都過百雉矣又是天子城十二里而言也引大行人之職者經云國家宮室鄭已解訖其云車旗衣服禮儀不可具言故引大行人爲證欲見彼具見車旗以下之數也案大行人云上公之禮執桓圭九寸繅藉九寸冕服九章建常九斿樊纓九就貳車九乘介九人禮九牢其朝位賓主之間九十步侯伯於上公降殺以兩子男比於侯伯又降殺以兩爲差耳故鄭云數焉

王之三公八命其卿六命其大夫四命及其出封皆加一等其國家宮室車旗衣服禮儀亦如之〔四命中下大夫也出封出畿內封於八州之中加一等褒有德也大夫爲子男卿爲侯伯其在朝廷則亦如命數耳王之上士三命中士再命下士一命〕

〔疏〕王之至如之○釋曰云王之三公八命其卿六命其大夫四命皆是在朝者云及其出封加一等者三公八命者爲九命上公六命卿爲七命侯伯四命大夫爲五命子男云其國家宮室車旗衣服禮儀亦如之者亦如上經以命數爲差也○注四命中至一命○釋曰云四命中下大夫也者見序官有中下大夫於此唯見四命大夫是知中下大夫同四命也

云出封出畿內封於八州之中者其王朝公卿大夫亦有舊在畿內有采地之封是封畿內者也今封於畿外在八州
之中諸侯也云加一等褒有德也者王朝公卿大夫無功可進無過可退者不得出封以知加一等爲南面之君者是褒
有德也卿爲侯伯大夫爲子男也鄭不言三公者雖出封加命爵仍是公不異故不言也云其在朝廷則亦如命數耳者
若先鄭出加入亦加若毛君則出加入減若鄭君出加入則不加不減其義已備宗伯職也云王之上士三命中士再命
下士一命者經既不言而鄭言之者此典命所以主命數序官有三等之士此文不見故以意推之必知士有三命以下
者見經大夫四命四命以下唯有三等之命序官有上士中士下士故以三等之命而說之也然公卿大夫以八命六命
四命爲陰爵者一則擬出封加爲陽爵二則在王下爲臣是陰官不可爲
陽爵故也士下既無出封之理又極卑賤故有三命一命爲陽爵無嫌也凡諸侯之適子誓於天子攝其君
則下其君之禮一等未誓則以皮帛繼子男誓猶命也言誓者明天子既命以爲之嗣樹子不易也春秋
桓九年曹伯使其世子射姑來朝行國君之禮是也公之子
如侯伯而執圭侯伯之子如子男而執璧子男之子與未誓者皆次小國之君執
皮帛而朝會焉其賓之皆以上卿之禮焉○適子丁厤反則下遐嫁反射姑音亦疏注誓猶至禮焉○釋曰鄭以誓爲
命之爲世子故以誓爲命也云言誓者明天子既命以爲之嗣樹子不易也者實是命而經云誓者謂既命以爲繼嗣使
爲樹子不可改易義取公羊傳公三年齊桓公會于陽穀管仲命諸侯云無易樹子無以妾爲妻是也引桓九年曹伯使
其世子射姑來朝行國君之禮者以其稱朝是行國君之禮引者證經誓於天子攝其君事也云公之子如侯伯而執圭
侯伯之子如子男而執璧者以其上公九命侯伯七命子男五命經云下其君一等明依命數爲降以知義然也若公之
子如侯伯在侯伯下侯伯子如子男在子男下也云子男之子與未誓者皆次小國之君執皮帛者以經云下一等子男
身五命執璧明子雖得誓以下父一等自然與公侯伯子男子未誓者同執皮帛朝會可知也云其賓之皆以上卿之禮
焉者此亦約曹世子射姑來朝賓之以上卿之禮而言之也若行朝禮擯介依諸侯法其饔餼饗食一與卿同也此經誓與
未誓皆據父在而言若父卒後得誓者皆得以諸侯序以無父得與正君同故也是以雜記云君薨大子號稱子待猶君
也注引春秋葵丘之會宋襄公稱子而與諸侯序又定四年二月癸巳陳侯吳卒三月公會劉子晉侯宋
公蔡侯衛侯陳子鄭伯以下於召陵陳子在鄭伯上則是得誓者與諸侯序也若未誓則亦當執皮帛也公之孤四
命以皮帛眡小國之君其卿三命其大夫再命其士一命其宮室車旗衣服禮儀各眡其
命之數侯伯之卿大夫士亦如之子男之卿再命其大夫一命其士不命其宮室車旗衣
服禮儀各眡其命之數視小國之君者列於卿大夫之位而禮如子男也鄭司農云九命上公得置孤卿一人春
秋傳曰列國之卿當小國之君固周制也玄謂王制曰大國三卿皆命於天子下大夫五
人上士二十七人次國三卿二卿命於天子一卿命於其君下大夫五
人上士二十七人小國二卿皆命於其君下大夫五人上士二十七人疏注視小至七人○釋曰云視小國之君者列
於卿大夫之位而禮如子男也知義然者案
大行人云大國之孤執皮帛以禮小國之君出入三積不問壹勞朝位當車前不交擯廟中無相以酒禮之其佗皆眡小
國之君鄭注云眡以君命來聘者也孤尊既聘享更自以其贄見執束帛而已豹皮表之爲飾繼小國之君言次之也其

佗謂貳車及介牢禮賓主之間擯將幣祼酢饗食之數以此而言則以皮帛者亦是更以贄見若正聘當執圭璋也若然彼云繼小國之君謂執皮帛次小國君後則與此注列於卿大夫位一也此言眡小國之君注云而禮如子男則彼其佗眡小國君并彼注貳車及介以下是也司農云九命上公得置孤卿一人春秋傳曰列國之卿當小國之君固周制也者案昭二十三年左傳云叔孫婼爲晉所執晉人使與邾大夫坐訟叔孫曰列國之卿當小國之君固周制也寡君命介子服回在是其事也若然先鄭引魯之卿以證孤者孤亦得名卿故匠人云外有九室九卿朝焉是并六卿與三孤爲九卿亦得名卿者以其命數同也魯是侯爵非上公亦得置孤者魯爲州牧立孤與公同若然其孤則以卿爲之故叔孫婼自比於孤也玄謂王制曰大國三卿皆命於天子以下者案王制之文多據夏殷此命卿亦是夏殷法故彼下文大國之卿不過三命下卿再命小國之卿與下大夫一命鄭注云不著次國之卿者以大國之下互明之此卿命則異大夫皆同以此言之則大國卿三命次國卿與大國下卿同再命小國卿與大夫同一命彼注即引此周禮命卿大夫之法以證與古不同之義若然此引彼夏殷命臣法周禮諸侯卿大夫命雖與古不同五等諸侯同國皆有三卿得天子命者與夏殷同故引之若然云大國三卿皆命於天子者上卿則命數足矣中卿天子再命已君加一命亦爲二命下卿天子一命若夏殷已君加一命二命足矣周則已君加二命爲三命命足矣云下大夫五人不言命數者並不得天子命夏殷並已君加一命周則大國之大夫再命也云上士二十七人者夏殷之士不命其二十七士亦應有上九中九下九而皆云上士者亦是勉人爲高行故揔以上士言之也云次國三卿二卿命於天子者上卿天子二命已君不加中卿天子一命已君加一命下卿天子不命已君亦加二命爲再命故云一卿命於其君是次國之卿皆再命也若周禮次國卿並三命亦下大夫五人上士二十七人義與大國同也云小國二卿皆命於其君者案彼鄭注云此文似誤脫者類上文大國次國則此小國亦當有三卿宜云小國三卿一卿命於天子二卿命於其君則是脫亦三卿一卿命於天子九字矣云誤者次國云二卿命於天子不言皆此小國云二卿皆命於其君而言皆是誤故云蓋誤也若依此三卿解之則三卿之內一卿命於天子爲一命二卿命於其君亦各一命亦下大夫五人上士二十七人義與上同也若周禮小國三卿皆再命亦一卿命於天子一命已君加一命爲再命二卿命於其君不得天子命並已君再命矣又周法次國五大夫亦與大國五大夫同再命小國下大夫五人各一命其士公侯伯之士同一命子男之士不命與夏殷同此文是也大司馬云大國三軍次國二軍小國一軍軍將皆命卿者謂得天子之命者得爲軍將也若然諸侯之臣有四命三命再命一命不命而經云各眡其命數者謂宮室之等四命者四百步貳車四乘旗四斿冕服四章三命者以三爲節再命一命者亦以命數爲降殺也但大夫玄冕一命者一章裳上刺黻而已衣無章故得玄名也則冕亦象衣無旒其上服爵弁並無章飾是以變冕言爵弁也諸侯之大夫一命已上即有貳車士雖一命亦無貳車天子之士再命已上可有貳車也

# 封建

九命

諸侯：大國分為三等

孟子法同何休等不信周禮故不置之國

出封加入加在威在之內殷

牧入伯矣　二伯之不可言の矣當從言矣

以九儀之命正邦國之位每命異儀貴賤之位乃正春秋傳曰名位不同禮亦異數疏以九至之位○釋曰此一經與下文爲揔目以其大宗伯掌五禮禮所以辨尊卑故以九儀之命正諸侯邦國之位使之不有僣差也○注每命至異數○釋曰云每命異儀貴賤之位乃正者下文從一命以至九命各云所受賜貴賤不同即此經以九儀之命正邦國之位事義相成故云貴賤之位乃正正則不僣濫也引春秋傳曰名位不同禮亦異數者證每命異儀也壹命受職始見命爲正吏謂列國之士於子男爲大夫王之下士亦一命鄭司農云受職治職事○見命如字下士相見同疏注始見至職事○釋曰云始見命爲正吏者對府史胥徒非正吏以其府史胥徒皆官長所自辟除未得王之命故以士得王命者爲正吏也云謂列國之士者謂公侯伯爲列國下云七命賜國鄭注孝經云列土封疆謂之諸侯亦據公侯伯七命賜國則子男不得爲列國也典命公侯伯之士一命故鄭以列國之士解之也云於子男爲大夫者典命子男大夫一命是也云王之下士亦一命者無正文直以序官有上士中士下士之名又典命大夫四命之下空文宜有三命二命一命故以王之下士一命解之若然典命不見王之士三命已下者以其四命已上有出封之理故下云其出封皆加一等士無出封之理故不言以義推之則士有三命已下也先鄭云受職治職事者設官分職止爲治事故以治職事解之也再命受服鄭司農云受服受祭衣服爲上士玄謂此受玄冕之服列國之大夫再命於子男爲卿卿大夫自玄冕而下如孤之服王之中士亦再命則爵弁服疏注鄭司至弁服○釋曰先鄭云受服受祭衣服爲上士者祭衣服雖不指斥服名以義推之先鄭云爲上士則服爵弁服也言爲上士者上一命先鄭雖不言王之中士下士同一命此言再命爲上士則王之中士下士同一命可知也玄謂此受玄冕之

服者以司服云孤絺冕卿大夫同玄冕此云再命受服明據玄冕也云列國之大夫再命者亦據典命公侯伯之大夫同再命而知云於子男爲卿者亦據典命而言也云卿大夫自玄冕而下如孤之服者此亦據司服之文案玉藻注云諸侯之臣皆分爲三等其妻以次受此服則公之有孤之國孤絺冕卿大夫同玄冕若無孤之國則公侯伯子男卿絺冕大夫玄冕士皆爵弁若然此注云於子男爲卿卿當絺冕矣鄭云卿大夫自玄冕而下如孤之服者據司服之成文而言也云王之中士亦再命者上文已差訖云士則爵弁服者凡言士者無問天子士諸侯士例皆爵弁以助祭也若然司服不見爵弁者以其王吉服有九自公已下轉相如其爵弁於天子諸侯非吉所用故不言案士冠禮皆有爵弁服是士之助祭服故士以爵弁爲正也案先鄭解此九儀皆先言王臣後鄭皆諸侯爲首以王臣亦之者後鄭見上云正邦國之位故以諸侯爲首後以王臣亦之得其理也

三命受位鄭司農云受下大夫之位玄謂此列國之卿始有列位於王爲王之臣也王之上士亦三命

疏注鄭司至三命○釋曰先鄭云受下大夫之位先鄭意以上士二命下大夫三命上大夫四命案王制云次國之下卿位當大國之上大夫小國之下卿位當大國之下大夫則諸侯之五大夫有上下案序官有中大夫下大夫則中大夫亦得名爲上大夫矣故先鄭以下大夫三命上大夫四命即典命大夫四命者是上大夫也後鄭不從者以侯伯子男名位不同侯伯猶同七命子男猶同五命況中大夫下大夫名位既同何嫌不得同命也是以典命唯見大夫四命是兼中下大夫故不從先鄭也玄謂此列國之卿始有列位於王爲王之臣者諸侯之卿大夫皆得聘天子今於三命乃云始有列位於王爲王之臣者以其再命已下卑雖得言天子不得言位于王朝是以據列國之卿而言故曲禮云列國之大夫入天子之國曰某士注引春秋晉士起亦據晉國之卿三命而於天子稱士與天子三命之士同稱士即爲王臣也

四命受器鄭司農云受祭器爲上大夫玄謂此公之孤始得有祭器者也禮運曰大夫具官祭器不假聲樂皆具非禮也王之下大夫亦四命

疏注鄭司至四命○釋曰先鄭云受祭器爲上大夫上已破訖玄謂此公之孤始得有祭器者也曲禮云大夫有田者先爲祭服後爲祭器則儀禮少牢用成牲皆是有地大夫則自得造祭器今云公之孤四命始得有祭器者但未四命已前有地大夫雖得造祭器祭器未具猶假之使足至四命即具有言始有祭器者據始得具祭器而言引禮運者證未四命已前祭器須假之意云王之下大夫亦四命者約典命文

五命賜則鄭司農云則者法也出爲子男玄謂則地未成國之名王之下大夫四命出封加一等五命賜之以方百里二百里之地者方三百里以上爲成國王莽時以二十五成爲則方五十里合今俗說子男之地獨劉子駿等識古有此制焉○以上時掌反

疏注鄭司至制焉○釋曰先鄭云出爲子男者司農據典命而言玄謂則地未成國之名者對下文七命賜國是成國此五命子男言則是未成國但成國之賦有三若以出軍言之春秋襄公傳云成國不過半天子之軍謂據公五百里而言以其侯伯爲次國二軍故也若以執圭爲成國而言可及伯即下經七命賜國者是也若以千乘爲成國言之雖公及侯以其伯二百里不得出千乘故鄭注論語云公侯之封乃能容之是也王之下大夫四命出封加一等五命亦是典命文云賜之百里二百里之地者大司徒職文云方三百里以上爲成國者此據下文七命賜國而言也云王莽時以二十五成爲則者此舉後代以況義二十五成與夏殷五十里國亦與周時百里二百里之國同名則故云則方五十里云合今俗說子男之地者時有孟子張包周及何休等並不信周禮有五百里已下之國以王制百里七十里五十里等爲周法故鄭指此等人爲俗說也云獨劉子駿等識古有此制焉者言劉子駿等則有馬融鄭司農及杜子春等皆信周禮有五百里已下之國周公大平制禮所定法故云識古有此制也引此諸文者證時有解則爲五十里者故也

六命賜官鄭司農云子男入爲